A conquista da América Latina vista pelos indígenas

Dados Internacionais de Catalogação na Publicação (CIP)
(Câmara Brasileira do Livro, SP, Brasil)

León-Portilla, Miguel
    A conquista da América Latina vista pelos indígenas : relatos astecas, maias e incas / Miguel León-Portilla ; tradução de Augusto Ângelo Zanatta. 5ª ed. – Petrópolis, RJ : Vozes, 2023.
    Título original: El reverso de la conquista.

    2ª reimpressão, 2024.

    ISBN 978-85-326-0559-7

    1. América Latina – História 2. Indígenas da América Latina 3. Povos indígenas – América Latina I. Título.

23-151138   CDD-980

Índices para catálogo sistemático:
1. América Latina : História   980

Tábata Alves da Silva – Bibliotecária – CRB-8/9253

MIGUEL LEÓN-PORTILLA

A conquista da América Latina vista pelos indígenas

Relatos astecas, maias e incas

Tradução de Augusto Ângelo Zanatta

EDITORA VOZES

Petrópolis

© Maria Luísa León-Portilha Hernández.

Tradução do original em espanhol intitulado
El Reverso de la Conquista.

Direitos de publicação em língua portuguesa – Brasil:
1984, 2023, Editora Vozes Ltda.
Rua Frei Luís, 100
25689-900 Petrópolis, RJ
www.vozes.com.br
Brasil

Todos os direitos reservados. Nenhuma parte desta obra poderá ser reproduzida ou transmitida por qualquer forma e/ou quaisquer meios (eletrônico ou mecânico, incluindo fotocópia e gravação) ou arquivada em qualquer sistema ou banco de dados sem permissão escrita da editora.

Conselho editorial

Diretor
Volney J. Berkenbrock

Editores
Aline dos Santos Carneiro
Edrian Josué Pasini
Marilac Loraine Oleniki
Welder Lancieri Marchini

Conselheiros
Elói Dionísio Piva
Francisco Morás
Gilberto Gonçalves Garcia
Ludovico Garmus
Teobaldo Heidemann

Secretário executivo
Leonardo A.R.T. dos Santos

Produção editorial
Aline L.R. de Barros
Jailson Scota
Marcelo Telles
Mirela de Oliveira
Natália França
Otaviano M. Cunha
Priscilla A.F. Alves
Rafael de Oliveira
Samuel Rezende
Vanessa Luz
Verônica M. Guedes

Editoração: Natália Machado
Diagramação: Monique Rodrigues
Revisão gráfica: Luciana Quintão de Moraes
Capa: WM design

ISBN 978-85-326-0559-7

Este livro foi composto e impresso pela Editora Vozes Ltda.

Sumário

Apresentação, 9

I – Memória asteca da conquista, 13

Introdução, 15
    A sequência dos fatos, 15
    Os testemunhos astecas da conquista, 20
    O conceito asteca da conquista, 24

Os testemunhos astecas da conquista, 28
    1 Os diálogos com os sábios indígenas, 28
    2 Os preságios funestos segundo os informantes de Sahagún, 33
    3 Primeiras notícias da chegada dos forasteiros, 37
    4 A angústia de Motecuhzoma e do povo, 40
        Motecuhzoma pensa em fugir, 42
    5 O encontro de Cortés e Motecuhzoma, 43
        Diálogo de Motecuhzoma e Cortés, 44
    6 A matança do templo maior, 47
        A reação dos mexicanos, 49
        Os homens de Castela se refugiam nas casas reais, 50
        O pranto pelos mortos, 50
    7 O texto anônimo de Tlatelolco, 50
        A noite triste, 51
        A volta dos espanhóis, 52
        O cerco a Tenochtitlan, 53

A população se refugia em Tlatelolco, 55
A mensagem do senhor de Acolhuacan, 57
Os tlatelolcas são convidados a pactuar, 59
Recomeça-se a luta, 61
Descrição épica da cidade sitiada, 63
A mensagem do Acolnahuácatl Xóchitl, 64
Consulta aos agoureiros, 66
A cidade vencida, 67
Prisão de Cuauhtémoc, 68
A ordem de entregar o ouro, 69
O suplício de Cuauhtémoc, 71
O povo torna a se estabelecer em Tlatelolco, 72
8 Um canto triste sobre a conquista, 73

II – Memória maia da conquista, 75
Introdução, 77
    A sequência dos fatos, 77
    Os testemunhos maias da conquista, 84
    O conceito maia da conquista, 89
Os testemunhos maias da conquista, 94
    1 As palavras dos sacerdotes profetas, 94
      Profecia de Chumayel e Tizimín sobre a vinda dos estrangeiros de barbas ruivas, 95
      A palavra de Chilam Balam, sacerdote de Maní, 97
      Uma profecia de Chilam Balam de Chumayel, 97
      Profecia de Chilam Balam, que era cantor na antiga Maní, 98
      Outra profecia do Livro das Linhagens (Chilam Balam de Chumayel), 99
    2 Os espanhóis em Calkiní, 101
    3 A crônica de Chac Xulub Chen, 103

4 Hernán Cortés entre os chontales (1527), 108
5 A conquista dos Quichés, 111
6 A versão cakchiquel da conquista, 118
   Derrota dos quichés, 119
   Chegada do Tunatiuh à capital dos cakchiqueles, 120
   Conquista dos zutujiles e de Cuzcatán, 121
   A cobiça do ouro, 121
   Os cakchiqueles atacam os castelhanos, 122
   Aceita-se pagar tributos aos castelhanos, 125
   Tunatiuh nomeia um rei aos cakchiqueles, 126
   Partida de Tunatiuh, 127
   Regresso de Tunatiuh, 128
   A morte dos senhores cakchiqueles, 128

III – Memória quéchua da conquista, 131
Introdução, 133
   A sequência dos fatos, 133
   Os testemunhos quéchuas da conquista, 142
   O conceito quéchua da conquista, 153
Os testemunhos quéchuas da conquista, 157
   1 A crônica da conquista, de Guamán Poma, 157
      Prólogo aos leitores espanhóis (folha 367), 158
      Preparativos da conquista (folha 372), 159
      Contendas entre Huáscar e Atahualpa (folha 378), 163
      Os primeiros contatos (folha 380), 164
      O encontro em Cajamarca e a prisão de Atahualpa (folha 385), 168
      Atahualpa paga seu resgate (folha 388), 171
      Atahualpa manda matar Huáscar (folha 389), 173
      Morte de Atahualpa (folha 391), 175
      Chegam mais espanhóis, 176

    Mais humilhações (folha 397), 178
    Reinado de Manco Inca II (folha 399), 179
    O pessoal de Manco II ataca os espanhóis em Cuzco (folha 401), 181
    Manco II se retira para Vilcabamba (folha 406), 183
    O novo Estado inca (folha 407), 184
    O Vice-Rei Toledo decide capturar Túpac Amaru (folha 445), 185
    Prisão e morte de Túpac Amaru (folha 451), 186
2 Relato de Titu Cusi Yupanqui, 187
    Descrição dos conquistadores, 189
    A prisão de Atahualpa em Cajamarca, 189
    Palavras aos espanhóis de alguns capitães do Inca, 190
3 Breve relato da conquista, segundo Juan de Santa Cruz Pachacuti Yamqui Salcamayhua, 193
4 Manco II pede o restabelecimento do seu poder como Inca, 197
5 Tragédia do fim de Atahualpa, 200
6 Uma elegia quéchua sobre a morte de Atahualpa, 209

Referências bibliográficas, 215
    I – Conquista do México, 215
    II – Conquista de Yucatán e Guatemala, 218
    III – Conquista do Peru, 220

Apresentação

Neste livro, falam os vencidos. Aqui estão as palavras deixadas por alguns sobreviventes astecas, maias e quéchuas sobre a conquista. Com amor e emoção, recolhemos nas crônicas e manuscritos palavras verdadeiras que revelam o heroísmo, a visão angustiada e a tragédia de três povos, criadores extraordinários de cultura. Este é o espelho triplo em que ficou refletida para sempre a outra face da conquista.

Quando, em 1959, publicamos a primeira edição da *Visión de los vencidos*, com os testemunhos astecas sobre a conquista, falamos da possibilidade de reunir, de maneira semelhante, os relatos que os escritores do mundo maia deixaram sobre tal tema. Uma leitura mais detida dos cronistas indígenas do Peru revela também que, entre os descendentes do grande povo quéchua, os vencidos escreveram sua própria versão sobre a conquista do Estado incaico. Este livro oferece breve descrição dos principais testemunhos astecas, maias e quéchuas e, numa espécie de antologia, reúne aqueles que parecem ser os mais genuínos e profundamente humanos.

Certamente os investigadores especializados, mexicanistas, maístas e peruanistas, conhecem amplamente estas crônicas que registram a memória dos vencidos. Mas o grande público e também alguns estudiosos menos versados no legado documental indígena têm interesse em conhecer, assim reunidos, vários textos que refletem para sempre o conceito e a experiência trágica da conquista, vivida e contemplada pelos povos indígenas.

Esta antologia de relatos astecas, maias e incas quer ser uma aproximação à visão final, plenamente consciente, deixada pelos sobreviventes dessas três culturas. Em cada caso abordaremos brevemente a origem, a autenticidade e o conteúdo dos diversos textos e pinturas indígenas. Por isso, somente acrescentamos que (ao oferecer aqui a versão épica e traumatizada dos historiadores astecas, as considerações de cunho quase filosófico de alguns vencidos maias e os relatos dramáticos e, às vezes, resignados dos quéchuas) nosso propósito, longe de qualquer partidarismo sectário que busca reviver ódios superados, é penetrar a fundo no conhecimento de um dos momentos-chave para a compreensão do mundo hispano-americano que haveria de nascer como consequência do encontro entre indígenas e espanhóis. Porque, se é certo que em muitos de nossos povos o trauma da conquista deixou profunda marca, certo é também que o estudo consciente deste fato impossível de suprimir será empenho de catarse e enraizamento do próprio ser.

Ao iniciar com este volume a série sobre o *Legado de la América Indígena*, buscamos fazer chegar ao maior número de leitores estes testemunhos sobre o violento choque de culturas que foi a conquista. Estamos convencidos de que, abordando a história e a literatura indígenas, sem supressão anacrônica e impossível do ocidental, que é já também nosso, compreenderemos num contexto universal e humano nossas raízes, deficiências e verdadeira grandeza para o presente e o futuro.

Miguel León-Portilla

Celhuayocan, Morelos,
e Ciudad Universitaria, México,
primavera-outono de 1963.

I

Memória asteca da conquista

Introdução

A sequência dos fatos

A primeira das grandes conquistas de que temos testemunhos indígenas é a do mundo asteca. Os "mexicas", como se autodenominavam os Astecas, alcançaram seu máximo desenvolvimento e esplendor em princípios do século XVI. Obviamente sua grandeza não foi resultado de geração espontânea. O "Povo do Sol", o eleito do deus da guerra, Huitzilopochtli, herdara suas instituições culturais dos Toltecas e, em última análise, de outros povos ainda mais antigos, como os Teotihuacanos, que tiveram seu período áureo durante os primeiros séculos da era cristã.

A nação asteca, com sua grande capital, México-Tenochtitlan, onde havia templos e palácios extraordinários, com esculturas e pinturas em murais, com seus centros de educação, e com uma consciência histórica conservada nos seus códices ou livros de pinturas, era um estado poderoso que dominava vastas regiões, do Golfo do México ao Pacífico, alcançando ao sul as fronteiras da atual Guatemala. Sua glória e fama eram bem conhecidas pelos povos dos quatro cantos do mundo indígena. Devido ao seu poderio e à sua riqueza, dela tiveram notícia os conquistadores espanhóis, já estabelecidos na Ilha de Cuba. Assim, enquanto os Astecas iam estendendo seus domínios, a uma distância relativamente próxima havia homens, vindos de além das imensas águas, dispostos a empreender sua conquista.

Em 18 de fevereiro de 1519, Hernán Cortés parte da Ilha de Cuba à frente de uma esquadra composta por 11 navios. Traz consigo pouco mais de 600 homens, 16 cavalos, 32 bestas, 10 canhões de bronze e algumas outras peças de artilharia de pequeno calibre. Vêm com ele vários homens que chegaram a ser famosos na conquista do Novo Mundo. Entre eles está Pedro de Alvarado, que seria apelidado pelos Astecas de Tonatiuh, "o sol", devido ao seu grande valor e ao ruivo acentuado de seus cabelos. Alvarado haveria de participar também na conquista da Guatemala e, mais tarde, na do Peru. Com Hernán Cortés vieram também Francisco de Montejo, futuro conquistador de Yucatán, Bernal Díaz del Castillo e outros que deixaram por escrito registro da história desta série de expedições.

Ao navegar junto à costa de Yucatán, Cortés acolhe Jerónimo de Aguilar, que aí se estabelecera após um naufrágio e que havia aprendido fluentemente a língua maia. Mais adiante, junto à foz do Grijalva, Cortés recebe 20 escravas indígenas, dentre as quais a célebre Malinche, que desempenhará importante papel na conquista. Malinche falava a língua maia e a asteca ou *náhualt*. Graças à presença simultânea de Jerónimo de Aguilar e de Malinche, Cortés pôde contar com um sistema perfeito para comunicar-se com os astecas desde seus primeiros encontros nas proximidades da atual Veracruz. Ele falava em espanhol com Jerónimo de Aguilar; este, por sua vez, utilizando-se da língua maia, traduzia para Malinche; e esta, finalmente, se dirigia diretamente na língua asteca aos emissários de Motecuhzoma.

Em 22 de abril de 1519, uma Sexta-Feira Santa, os conquistadores desembarcaram nas costas de Veracruz. Cerca de seis meses depois, a 8 de novembro de 1519, contemplavam extasiados a capital de México-Tenochtitlan, a grande cidade construída pelos Astecas em meio aos lagos no Vale do México.

Tanto os cronistas espanhóis quanto os indígenas narram fielmente os vários acontecimentos ocorridos. Os textos astecas falam das mensagens enviadas por Motecuhzoma, dos presentes de ouro e prata. Hernán Cortés, em suas cartas-relatórios a Carlos V, Bernal Díaz, em sua *Historia verdadera de la conquista*, bem como os demais cronistas espanhóis, narram seus primeiros contatos com a população de Cempoala, às margens do Golfo, sua marcha até o altiplano, sua aliança com os senhores de Tlaxcala, sua passagem por Cholula, onde ocorreu a matança da população desse lugar, e, finalmente, após cruzar vulcões, sua chegada à cidade de México-Tenochtitlan e seu encontro com Motecuhzoma, que os recebe como hóspedes.

Os textos indígenas, por sua vez, são expressivos ao descrever o encontro na Calzada de Iztapalapa, que unia pelo sul a cidade à margem do lago. A princípio, o grande senhor dos Astecas julgava que se tratava do retorno de Quetzalcóatl e dos deuses que o acompanhavam.

A permanência dos homens de Castela como hóspedes na capital asteca teve um final violento. Cortés teve que ausentar-se para ir combater a Pánfilo de Narváez, que vinha tomar-lhe o comando por ordens do governador de Cuba. Pedro de Alvarado, desejando notabilizar-se por algum triunfo, atacou traiçoeiramente os Astecas durante a grande festa de Tóxcatl, que se celebrava próxima à Páscoa da Ressurreição do ano de 1520. Os relatos astecas que evocam este episódio se transformam aqui e em outras passagens em poema épico, uma espécie de *Ilíada* indígena.

Quando Hernán Cortés regressa, após vencer a Narváez, depara-se com a justa indignação dos Astecas. E decide então escapar da cidade. Na fuga, perde mais da metade dos homens e todos os tesouros de que tinha se apoderado. Tal derrota sofrida pelos conquistadores ao fugir da cidade na direção do oeste, através do caminho de Tacuba, ficou conhecida com o nome de "a noite triste" de 30 de junho de 1520.

Os espanhóis buscam auxílio de seus aliados tlaxcaltecas e somente quase um ano depois, em 30 de maio de 1521, conseguem iniciar o cerco formal a México-Tenochtitlan. Para tanto, Hernán Cortés reúne mais de 80 mil soldados tlaxcaltecas e reforça suas próprias forças espanholas com a chegada de várias outras expedições a

Veracruz. Além disso, desde 28 de abril do mesmo ano, lança 13 bergantins que terão papel muito importante no cerco à ilha.

As crônicas indígenas falam da maneira como os espanhóis começaram a atacar a cidade a partir de 30 de maio de 1521. Narram as diversas incursões daqueles homens, a princípio tidos como deuses, agora denominados "popolocas", palavra com que os Astecas designavam os povos considerados "bárbaros".

Nas crônicas, também relembra-se da eleição do jovem Cuauhtémoc, eleito governante supremo, já que, morto Motecuhzoma, o seu sucessor, o príncipe Cuitláhuac, tinha sido igualmente vitimado pela epidemia de varíola que, trazida pelos espanhóis, causou muitas baixas entre os indígenas. Durante o reinado de Cuauhtémoc, os feitos de guerra se sucedem uns após outros e não se pode negar que houve atos de heroísmo em ambas as partes. Uma vez mais os relatos indígenas adquirem a eloquência de um maravilhoso poema épico. Por fim, após quase 80 dias de cerco, na data de 1-Serpente, do ano 3-Casa, que corresponde a 13 de agosto de 1521, cai a cidade de México-Tenochtitlan e é feito prisioneiro o jovem Cuauhtémoc. O que se sucedeu à conquista também é relatado pelos historiadores indígenas.

Esta é, resumidamente, a sequência dos acontecimentos que aqui se apresentam a partir do ponto de vista dos vencidos. Vejamos agora a origem destes textos e a forma como chegaram até nós.

Os testemunhos astecas da conquista

Os relatos e pinturas deixados pelos Astecas sobre a conquista somam mais de 12. Aqui mencionaremos alguns dos principais. Os mais antigos, cuja origem é fixada entre os anos de 1523 e 1524, são vários cânticos compostos à maneira antiga por alguns dos poetas indígenas sobreviventes. No presente trabalho oferecemos alguns exemplos destes cânticos. Seus autores só os colocaram por escrito provavelmente alguns anos depois, ao aprender o uso do alfabeto. O manuscrito do século XVI, que contém estes poemas, se conserva na Biblioteca Nacional do México[1].

Além dos poemas, existem várias pinturas com glifos indígenas sobre a conquista, nas quais sobreviveu a antiga forma de escrita, em parte ideográfica e em parte fonética. Mencionaremos aqui somente os títulos de algumas destas pinturas: o *Lienzo de Tlaxcala*, de meados do século XVI, que faz em 80 quadros um relato dos tlaxcaltecas, aliados dos conquistadores[2]. São também importantes as pinturas dos códices *Azcatitlan*, *Mexicanus*, *Aubin* e *Ramirez*, todos eles de copistas indígenas do século XVI[3].

Por fim, devem ser mencionadas também as inúmeras ilustrações correspondentes ao texto em *náhuatl* dos

---

1. Existe uma reprodução fac-símile deste manuscrito: *Colección de cantares mexicanos*, edição de Antonio Peñafiel. México, 1904.
2. "Lienzo de Tlaxcala", publicado em: *Antigüedades mexicanas*. Junta Colombina, IV Centenário do Descobrimento da América. México, 1892.
3. Cf. a bibliografia no final do volume.

informantes indígenas de Frei Bernardino de Sahagún, incluídas no *Códice florentino*[4].

Entre os relatos escritos em *náhuatl*, já com o alfabeto latino, está o Manuscrito 22 da Biblioteca Nacional de Paris, conhecido sob o título de *Unos anales históricos de la nación mexicana*, escrito por autores desconhecidos de Tlatelolco por volta de 1528.

Este valioso testemunho revela um fato certamente extraordinário: o de um grupo de indígenas que, antes mesmo da fundação do Colégio de Santa Cruz, dominaram com perfeição o alfabeto latino e dele se serviram para registrar diversas recordações de seus tempos passados e, sobretudo, sua própria visão da conquista.

Se como documentos estes anais são valiosos, mais ainda o são sob o ponto de vista literário e humano. Isto porque neles se expressa pela primeira vez, com não poucos detalhes, o quadro da destruição *náhuatl*, tal como viram alguns de seus sobreviventes. A versão castelhana deste texto, preparada a partir da reprodução fac-símile do citado manuscrito da Biblioteca Nacional de Paris, é incluída aqui no que se refere à conquista.

Segue, em importância e antiguidade, ao texto de 1528, o mais amplo relato da conquista que, com a assistência de Frei Bernardino de Sahagún, redigiram em idioma *náhuatl* vários de seus estudantes indígenas de Tlatelolco,

---

4. *Códice florentino* (ilustrações). Edição fac-símile de Francisco Paso y Troncoso. Vol. V. Madri, 1905.

os quais se aproveitaram dos informes de antigos depoimentos sobre a conquista. Ao que parece, a primeira redação deste texto, "em língua indígena, tão rude como eles a pronunciavam", como escreve Sahagún, ficou pronta em torno de 1555. Mais tarde, Frei Bernardino dela fez um resumo castelhano. Infelizmente extraviou-se a primeira redação em *náhuatl*, de 1555. Conhece-se, porém, uma segunda redação, também em *náhuatl*, concluída em torno de 1585. Nesta se fizeram várias correções, em relação à primeira redação, porque, segundo Sahagún, naquela "introduziram-se algumas coisas mal postas e outras foram omitidas sem razão alguma..."

Não é possível dizer se o texto ganhou ou perdeu com esta emenda, já que não conhecemos o primitivo. O fato é que, tal como hoje se conserva o relato da conquista, graças aos informantes de Sahagún, este constitui o testemunho mais amplo deixado pelos indígenas. Abarca desde os vários presságios tidos "quando ainda não tinham chegado os espanhóis a esta terra" até um dos discursos "com o qual advertiu Dom Hernando Cortés a todos os senhores do México, Tezcoco e Tlacopan", exigindo-lhes a entrega de ouro e de seus vários tesouros. Foram incluídos, nas páginas seguintes, diversos trechos de tão valioso testemunho[5].

---

5. O texto em *náhuatl*, com o relato da conquista segundo os informantes de Sahagún, está incluído no Livro XII do *Códice florentino*, conservado na Biblioteca Laurentiana de Florença.

Além destas fontes, conservam-se vários outros relatos indígenas sobre a conquista que, embora sendo de menor extensão, do mesmo modo são de considerável importância. Entre eles estão os textos em *náhuatl* do *Códice Aubin*, o *Séptima relación* de Chimalpain Cuautlehuanitzin, os *Anales de Azcapotzalco*, a *Crónica mexicana de Tezozómoc*, esta última conservada somente em castelhano. Nesta mesma língua existem, finalmente, os relatos de historiadores mestiços, como Fernando de Alva Ixtlilxóchitl, que na sua *XIII Relación*, assim como em sua *Historia Chichimeca*, oferece uma interpretação histórica da conquista sob o ponto de vista dos tezcocanos. Diego Muñoz Camargo, mestiço de Tlaxcala, por sua vez, deixou também sua própria versão da conquista, que é a de um aliado dos espanhóis, em *Historia de Tlaxcala*[6].

Mencionaremos ainda, para concluir, um último texto particularmente importante: o chamado *Libro de los coloquios*. Nele, em idioma *náhuatl*, é apresentada a última atuação pública de alguns sábios e sacerdotes indígenas que defenderam suas crenças e forma de vida ante a oposição dos 12 primeiros franciscanos chegados a Nova Espanha em 1524. O manuscrito original, que está fragmentado (há somente 14 dos 30 capítulos primitivos), foi descoberto no Arquivo Secreto do Vaticano em 1924. A sua recompilação se deve a Frei Bernardino de Sahagún

---

[6]. As referências bibliográficas correspondentes destas crônicas e relatos estão na Bibliografia Geral no final deste volume.

e a alguns seus estudantes de Tlatelolco. Neste texto, com o qual iniciaremos a visão asteca da conquista, encontramos algo pouco conhecido até agora: o testemunho dramático, as discussões e argumentações dos sobreviventes astecas, que defendem sua maneira particular de conceber o mundo ante a oposição dos frades missionários[7].

O conceito asteca da conquista

Não é possível entrarmos aqui numa análise dos vários textos em que os cronistas astecas registraram sua visão da conquista. Somente apontaremos algumas de suas ideias e expressões, nas quais transparece o conceito central formado sobre a chegada dos homens de Castela, suas lutas e a própria derrota, que veio significar a morte de seus deuses e a destruição da antiga cultura.

O primeiro traço fundamental da visão asteca da conquista é o que se poderia descrever como o quadro mágico no qual esta haveria de desenvolver-se. Os Astecas afirmam que, alguns anos antes da chegada dos homens de Castela, houve uma série de prodígios e presságios anunciando o que haveria de acontecer. No pensamento

---

7. O *Libro de los coloquios de los doce* não foi integralmente traduzido para o castelhano. Existe apenas um resumo dele em espanhol, preparado pelo mesmo Frei Bernardino de Sahagún. A tradução parcial dada aqui foi preparada pelo autor deste trabalho. Walter Lehmann publicou na Alemanha a paleografia do texto com tradução ao alemão: *Sterbende Götter und Christliche Heilsbotschaft*, Wechselreden Indianischer Vernehmer und Spanischer Glaubensapostel in México 1524. Spanischer und mexikanischer Text mit deutscher Ubersetzung von Walter Lehmann. Stuttgart, 1949.

do Senhor Motecuhzoma, a espiga de fogo que apareceu no céu, o templo que se incendiou por si mesmo, a água que ferveu no meio do lago, a voz de uma mulher que gritava noite adentro, as visões de homens que vinham atropeladamente montados numa espécie de veados, tudo isso parecia anunciar que era chegado o momento, anunciado nos códices, do regresso de Quetzalcóatl e dos deuses.

Mas, quando chegaram as primeiras notícias procedentes das margens do Golfo sobre a presença de seres estranhos, chegados em barcas grandes como montanhas, que montavam uma espécie de veados enormes, tinham cães grandes e ferozes e possuíam instrumentos lançadores de fogo, Motecuhzoma e seus conselheiros ficaram em dúvida. De um lado, talvez fosse Quetzalcóatl que havia regressado. Mas, de outro, não tinham certeza disso. No coração de Motecuhzoma nasceu, então, a angústia. Enviou, por isso, mensageiros que suplicaram aos forasteiros para que regressassem ao seu lugar de origem.

A dúvida a respeito da identidade dos homens de Castela subsistiu até o momento em que, já hóspedes dos Astecas em Tenochtitlan, perpetraram a matança do templo maior. O povo em geral acreditava que os estrangeiros eram deuses. Mas quando viram seu modo de comportar-se, sua cobiça e sua fúria, forçados por esta realidade, mudaram sua maneira de pensar: os estrangeiros não eram deuses, mas *popolocas*, ou bárbaros, que tinham vindo destruir sua cidade e seu antigo modo de vida.

As lutas posteriores da conquista, registradas pelos historiadores indígenas, testemunham o heroísmo da defesa. Mas a derrota final, ao ser narrada nos textos astecas, já é depoimento de um trauma profundo. A visão final é dramática e trágica. Pode-se ver isto claramente no seguinte "canto triste" ou *icnocuícatl*:

> Nos caminhos jazem dardos quebrados;
> os cabelos estão espalhados.
> Destelhadas estão as casas,
> incandescentes estão seus muros.
> Vermes abundam por ruas e praças,
> e as paredes estão manchadas de miolos arrebentados.
> Vermelhas estão as águas, como se alguém as tivesse tingido,
> e se as bebíamos, eram água de salitre.
> Golpeávamos os muros de adobe em nossa ansiedade
> e nos restava por herança uma rede de buracos.
> Nos escudos esteve nosso resguardo,
> mas os escudos não detêm a desolação[8]...

As palavras anteriores encontram novo eco na resposta dos sábios aos 12 franciscanos chegados em 1524:

> Deixem-nos, pois, morrer,
> deixem-nos perecer,
> pois nossos deuses já estão mortos[9]!

Muitas outras citações poderiam acumular-se para mostrar o que foi o trauma da conquista para a alma indígena. Acreditamos que seja preferível o próprio leitor descobrir por si mesmo, nos textos aqui incluídos, a ex-

---

8. *Manuscrito anónimo de Tlatelolco* (1528). Edição fac-símile de E. Mengin. Copenhague, 1945, fl. 33.
9. *Libro de los colóquios de los doce*.

periência do povo que, após resistir com armas desiguais, viu-se a si mesmo vencido. Não se deve esquecer que os Astecas eram seguidores do deus da guerra, Huitzilopochtli; que se consideravam escolhidos do sol e que, até então, sempre creram ter uma missão cósmica e divina de submeter a todos os povos dos quatro cantos do universo. Quem se considerava invencível, o povo do sol, o mais poderoso da Mesoamérica, teve de aceitar sua derrota. Mortos os deuses, perdidos o governo e o mando, a fama e a glória, a experiência da conquista significou algo mais que tragédia: ficou cravada na alma e sua recordação passou a ser um trauma.

Os testemunhos astecas da conquista

1 Os diálogos com os sábios indígenas

Esta antologia começa com um antigo texto extraído do livro dos Coloquios de los doce, *no qual se conservam os diálogos e as discussões entre os primeiros franciscanos, vindos à Nova Espanha em 1524, e alguns sábios e sacerdotes astecas sobreviventes. Os missionários doutrinam um grupo de senhores principais no pátio do Convento de São Francisco na recém-conquistada Tenochtitlan. Condenam violentamente as antigas crenças religiosas. Assim que os frades terminam a pregação, põe-se de pé um dos senhores principais e, "com cortesia e afabilidade", manifesta seu desgosto ao ver assim atacados os costumes e as crenças tão estimados por seus avós. Confessa não ser um sábio, mas afirma em seguida que ainda vivem alguns mestres, dentre os quais cita os sacerdotes, os astrólogos, os quais guardavam os antigos livros de pinturas – eles poderiam responder aos frades:*

>Mas, senhores nossos,
>há os que nos guiam,
>nos governam, nos levam aos ombros,

nos ensinam como devem ser venerados nossos deuses,
cujos servidores somos nós como a cauda e a asa;
há os que fazem as oferendas, os que incensam,
e os chamados sacerdotes de Quetzalcóatl.
Aos que entendem de discursos,
compete a obrigação
de se ocuparem dia e noite,
com o oferecer o *copal*,
com sua oferenda,
com os espinhos para sangrar-se.
Os que veem, os que se dedicam a observar
o curso e a marcha ordenada do céu,
a divisão da noite.
Os que estão olhando (lendo), os que contam (ou que narram o que leem).
Os que folheiam ruidosamente os códices.
Os que têm em seu poder a tinta negra e vermelha
(a sabedoria) e tudo o que é pintado,
eles nos levam, nos guiam, nos indicam o caminho.
Os que organizam o calendário,
como seguem seu caminho a conta dos destinos e os dias e cada uma das vintenas (os meses).
Disto se ocupam, a eles cabe falar sobre os deuses[1].

Poucos dias depois chegam os sábios e sacerdotes sobreviventes. Em sua resposta, utilizam-se dos argumentos que julgam mais apropriados para mostrar que sua antiga forma de pensamento sobre a divindade pode e deve ser respeitada. Há nela um elevado conceito do doador da vida. Eis aqui as palavras dos antigos sábios astecas:

---

1. *Colloquios y doctrina christiana con que los doze frayles de San Francisco enbiados por el Papa Adriano Sesto y por el Emperador Carlos Quinto convertieron a los indios de la Nueva Espanya, en lengua mexicana y española.* Deste manuscrito existe uma reprodução fac-símile na *Revista Mexicana de Estudios Históricos*, apêndice ao tomo I, p. 101s.

Senhores nossos, mui estimados senhores:
Haveis sofrido dificuldades para chegar a esta terra.
Aqui diante de vós,
vos contemplamos, nós gente ignorante...
E, agora, o que é que diremos?
O que é que devemos dirigir a vossos ouvidos?
Somos por acaso alguma coisa?
Somos tão somente gente comum...
Através de intérprete respondemos,
devolvemos o alento e a palavra
do Senhor que está perto e conosco.
Por causa dele nos aventuramos,
por isto nos lançamos ao perigo...
Talvez para nossa perdição,
talvez para nossa destruição,
é para aí somente que seremos levados.
(Mas) aonde deveremos ainda ir?
Somos gente simples,
somos perecíveis, somos mortais,
deixai-nos, pois, morrer,
deixai-nos perecer,
pois nossos deuses já estão mortos.
(Porém) Tranquilize-se vosso coração e
vossa carne,
senhores nossos,
porque abriremos um pouco,
agora um pouquinho abriremos
o segredo, a arca do Senhor, nosso (deus).
Vós dissestes
que nós não conhecemos
ao Senhor que está perto e conosco,
aquele de quem são os céus e a terra.
Dissestes
que não eram verdadeiros nossos deuses.
Nova palavra é esta,
a que falais,
por causa dela estamos perturbados,
por causa dela estamos incomodados.
Porque nossos progenitores,
os que existiram, os que viveram sobre a terra,
não falavam desta maneira.

Eles nos deram
suas normas de vida,
eles tinham os deuses por verdadeiros,
prestavam-lhes culto,
louvavam os deuses.
Eles nos ensinaram
todas as suas formas de culto,
todos os seus modos de louvar (os deuses).
Por isto, diante deles aproximamos a terra à boca,
(por eles) nos sangramos,
cumprimos as promessas,
queimamos *copal* (incenso)
e oferecemos sacrifícios.
Era doutrina de nossos antepassados
que são os deuses pelos quais se vive,
eles nos mereceram (com seu sacrifício nos deram vida).
De que maneira, quando, aonde?
Quando ainda era de noite.
Era sua doutrina (dos antepassados)
que eles (os deuses) nos dão nosso sustento,
tudo quanto se bebe e se come,
o que conserva a vida, o milho, o feijão,
os bredos, a *chía*[2].
Eles são a quem pedimos
água, chuva,
pelas quais se produzem as coisas na terra.
Eles mesmos são ricos,
são felizes,
possuem as coisas,
de maneira que sempre e para sempre
as coisas germinam e verdejam em sua casa...
lá "onde de algum modo se existe", no lugar de *Tlalocan*.

---

2. *Bledo*: planta salsolácea comestível; *chía*: semente de uma espécie de sálvia.

Nunca ali há fome,
não há enfermidade,
não há pobreza.
Eles dão aos humanos
o valor e o comando...
E de que maneira, quando, onde, foram os deuses
invocados,
foram suplicados, foram tidos por tais,
foram reverenciados?
Isto se dá já há muitíssimo tempo,
foi lá em Tula,
foi lá em Huapalcalco,
foi lá em Xuchatlapan,
foi lá em Tlamohuanchan,
foi lá em Yohuallichan,
foi lá em Teotihuacan.
Eles sobre todo o mundo
haviam fundado
seu domínio.
Eles deram
o comando, o poder,
a glória, a fama.
E, agora, nós
destruiremos
a antiga regra de vida?
A dos chichimecas,
a dos toltecas,
a dos acolhuas,
a dos tecpanecas?
Nós sabemos
a quem se deve a vida,
a quem se deve o nascer,
a quem se deve o gerar,
a quem se deve o crescer,
como se deve invocar,
como se deve rogar.
Ouvi, senhores nossos,
não façais algo a vosso povo
que lhe cause a desgraça,
que o faça perecer...

Tranquila e amigavelmente
considerei, senhores nossos,
o que é necessário.
Não podemos estar tranquilos,
e certamente não cremos ainda,
não o tomamos por verdade,
(ainda quando) vos ofendemos.
Aqui estão
os senhores, os que governam,
os que conduzem, que têm a seu cargo o mundo inteiro.
Já é muito que hajamos perdido,
que se nos haja tirado,
que se nos haja impedido,
nosso governo.
Se no mesmo lugar
permanecermos,
somente seremos prisioneiros.
Fazei conosco
o que quiserdes.
Isto é tudo o que respondemos,
o que retrucamos,
ao vosso alento,
à vossa palavra,
ó Senhores Nossos[3]!

2 Os presságios funestos segundo os informantes de Sahagún

Os textos que seguem, traduzidos diretamente do náhuatl, devem-se aos informantes indígenas de Sahagún, alguns deles testemunhas oculares da conquista. O primeiro texto narra uma série de presságios e prodígios funestos que os

---

3. *Colloquios y doctrina...* Cf. a paleografia do texto *náhuatl* na edição de W. Lehmann, p. 100-106 (Tradução do texto *náhuatl*: Miguel León-Portilla).

antigos mexicanos afirmaram ter visto, especialmente Motecuhzoma, dez anos antes da chegada dos homens de Castela.

Primeiro presságio funesto: dez anos antes da vinda dos homens de Castela, apareceu primeiramente um funesto presságio no céu. Uma espécie de espiga de fogo, de chama de fogo, de aurora: parecia estar gotejando, como se estivesse espetada no céu.

Era larga na base, estreita no vértice. Chegava bem no meio do céu, bem no centro do céu, atingia bem o céu.

E deste modo se via: lá no oriente se mostrava, deste modo chegava à meia-noite. Manifestava-se: estava ainda no amanhecer; então o sol a fazia desaparecer.

E no tempo em que estava aparecendo: por um ano vinha se mostrar. Começou no ano 12-Casa[4].

Pois quando aparecia havia alvoroço geral: as pessoas davam-se tapas na boca; havia uma grande agitação; faziam intermináveis comentários.

Segundo presságio funesto que aconteceu aqui no México: por si mesma abrasou-se em chamas, foi tomada pelo fogo: ninguém talvez tenha posto fogo, mas por si mesma incendiou-se a casa de Huitzilopochtli. Seu lugar chama-se divino, o lugar denominado "Tlacateccan" (casa de comando).

---

4. O ano 12-Casa, segundo o cômputo dos antigos mexicanos. Na cronologia cristã, corresponde ao ano de 1517.

Apareceu: já queimam as colunas. De dentro saem as chamas de fogo, as línguas de fogo, as labaredas de fogo.

Rapidamente, por fim, o fogo acabou com todo o madeiramento da casa. Neste momento ouve-se um vozerio estrondoso; dizem: "Mexicanos, vinde depressa: há de se apagar! Trazei vossos cântaros!..."

Mas quando lhe jogavam água, quando tentavam apagá-lo, o fogo aumentava ainda mais. Não foi possível apagá-lo: tudo se queimou.

Terceiro presságio funesto: um templo foi atingido por um raio. Era todo de palha: onde se chama "Tzummulco"[5]. O templo de Xiuhtecuhtli. Não chovia forte, apenas chuviscava. Assim, julgava-se ser presságio; diziam deste modo: "Não foi mais golpe do sol". Tampouco se ouviu o trovão.

Quarto presságio funesto: quando ainda havia sol, caiu um fogo. Era dividido em três partes: saiu de onde o sol se põe: ia direto em direção de onde o sol nasce; como se fosse brasa, ia caindo em chuva de faíscas. Comprida se desdobrou sua esteira; longe chegou seu rabo. E quando foi visto, houve grande alvoroço: como se alguém estivesse tocando guizos.

Quinto presságio funesto: ferveu a água: o vento a fez alvoroçar-se fervendo. Como se fervesse em fúria, como se em pedaços se rompesse ao revolver-se. Seu impulso

---

5. Tzummulco ou Tzomolco: "no cabelo penteado", era um dos edifícios do Templo Principal de Tenochtitlan.

foi muito longe, levantou-se muito alto. Chegou às bases das casas; e, derrubadas as casas, foram cobertas pela água. Isso foi na laguna que está junto a nós.

Sexto presságio funesto: muitas vezes se ouvia: uma mulher chorava; ia gritando pela noite; dava grandes gritos.

– Filhinhos meus, temos que ir para longe!

E às vezes dizia:

– Filhinhos meus, aonde vos levarei?[6]

Sétimo presságio funesto: muitas vezes se apanhava, se prendia algo em redes. Os que trabalhavam na água prenderam certo pássaro cinzento, parecido com grou. Levaram-no logo a Motecuhzoma, na Casa do Negro (casa de estudo de magia).

O sol tinha alcançado seu apogeu: era meio-dia. Havia algo parecido com espelho na moleira do pássaro, como rodela de fuso, em espiral e em redemoinho: era como se estivesse perfurado ao meio.

Ali se via o céu: as estrelas, o Mastelejo. E Motecuhzoma pressentiu um terrível presságio quando viu as estrelas e o Mastelejo.

Mas quando olhou pela segunda vez a moleira do pássaro, novamente viu além, ao longe; como se algumas pessoas viessem depressa; bem entesadas; dando em-

---

6. O texto parece referir-se a Cihuacóatl, que gritava e chorava pela noite. Este é um dos antecedentes da célebre *Llorona* (Chorona).

purrões. Guerreavam-se uns aos outros e os carregavam às costas animais parecidos com veados.

No mesmo instante chamou seus magos, seus sábios. Disse-lhes:

– Não sabeis o que é que foi visto? Coisas como pessoas que estão de pé e agigantando-se!…

Mas eles, querendo responder, puseram-se a ver: desapareceu (tudo): nada viram.

Oitavo preságio funesto: muitas vezes apareciam à população homens disformes, pessoas monstruosas. De duas cabeças, mas um só corpo. Eram levadas à Casa do Negro; eram mostradas a Motecuhzoma. Assim que ele as via, desapareciam[7].

3 Primeiras notícias da chegada dos forasteiros

E quando foram vistos os que vieram por mar, em barcos vão chegando.

Logo são enviadas pessoas: o huasteco Pínotl, grande mordomo. O mordomo de Mictlancuauhtla, Yaotzin. Em terceiro lugar, o mordomo de Teuciniyocan, chamado o de Teuciniyocan. Em quarto lugar, Cuitlapíltoc; apenas um guia, que andava com os outros. Em quinto lugar Téntitl; também apenas um guia.

---

[7]. Informantes de Sahagún, *Códice florentino*, livro XII, cap. I (Tradução do *náhuatl* de Ángel Ma. Garibay K.).

Estes apenas foram explorar. Foram sob o pretexto de que iam comerciar. Iam tratar com habilidade a fim de ver que tipo de gente era, passando-se por vendedores de mantas ricas, coisas bem-acabadas, como quem diz, somente iguais às que usava Motecuhzoma.

Estas ninguém as veste: não são senão coisas de uso exclusivo, atributo pessoal do próprio rei.

Foram de barco para vê-los. Quando tal fizeram, disse Pínotl:

– Não vamos dar notícias falsas ao senhor Motecuhzoma: já não teríeis vida…! Vamos, pois, nós. Não demos ocasião de morte. Que ele veja retamente tudo o que lhe levarmos.

(Motecuhzomatzin é o nome de comando real, e seu nome de governo é Tlacatecuhtli, "senhor dos homens".)

Agora vão navegar. Entraram nos barcos. Lançaram-se ao alto-mar. Os remeiros foram remando.

E quando estavam próximos dos homens de Castela, diante deles fizeram a cerimônia de tocar a terra e os lábios, estando eles na proa do barco. Acharam que era nosso Príncipe Quetzalcóatl que tinha vindo.

Os espanhóis os chamaram, disseram-lhes:

– Quem sois? De onde vindes? Onde está vossa casa?

Então responderam:

– Do México é donde viemos.

Os espanhóis perguntaram:

– Se sois verdadeiramente mexicanos, qual o nome do rei do México?

– Senhores nossos: seu nome é Motecuhzoma.

Em seguida, lhes dão as ricas mantas que haviam levado. Eram dos seguintes tipos: uma com um sol, outra com franjas azuis, outra com taças lavradas, ou com pintura cor de águia, com uma cara de serpente, com a pequena joia característica do deus Ehécatl, com cor de sangue de peru, ou com redemoinhos de água lavrados, ou com espelhos fumegantes. Todas estas espécies de finas mantas lhes foram dando.

Foram retribuídos com outros presentes: os homens de Castela lhes deram: colares verdes, amarelos, parecidos com o cristal de rocha. E quando os receberam, muito se maravilharam.

E os homens de Castela lhes declararam, lhes disseram:

– Ide: nós agora voltaremos a Castela. Não nos demoraremos: agora chegaremos ao México.

Logo se foram. Também vieram de volta os enviados, regressaram. E assim que chegaram à terra firme, imediatamente dirigiram-se ao México.

Dia e noite andaram a fim de comunicar a Motecuhzoma, para dizer-lhe e dar-lhe a saber com verdade o que ele deveria saber.

Trouxeram os presentes que haviam ganhado. E logo lhe comunicaram:

– Senhor nosso, filho meu, acaba conosco! Eis o que vimos, eis o que fizemos:

Lá onde para ti mantêm vigilância das coisas os teus antepassados, na superfície do mar, fomos ver os senhores, os deuses, água adentro.

Ali lhes demos todas as tuas mantas: eis aqui os presentes que eles nos deram. Disseram:

Se verdadeiramente viestes do México, eis aqui o que dareis ao Rei Motecuhzoma: com isto nos conhecerá.

Disseram tudo a Motecuhzoma, tal qual haviam dito a eles dentro da água.

Então Motecuhzoma lhes disse:

– Estais cansados, fatigados: descansai. Vejo isto secretamente. Ninguém dirá coisa alguma, ninguém abrirá os lábios, ninguém quererá falar coisa alguma; ninguém o publique, ninguém o ponha em seus lábios. Fique dentro de vós[8].

4 A angústia de Motecuhzoma e do povo

Isto posto, Motecuhzoma refletia sobre aquelas coisas, estava preocupado; cheio de terror, de medo: refletia sobre o que ia acontecer com a cidade. E todo mundo estava muito receoso. Havia grande espanto e terror. Discutiam-se os acontecimentos, falava-se do ocorrido.

---

8. Informantes indígenas de Sahagún, *Códice florentino*, livro VI, cap. II (Tradução de Angel Ma. Garibay K.).

Há reuniões, discursos, formam-se rodinhas, há lamentação, se faz grande lamentação, se chora pelos outros. Andam com a cabeça caída, cabisbaixos. Entre prantos se saúdam; choram-se uns aos outros ao saudar-se. As pessoas procuram animar-se, reanimam-se uns aos outros. Acariciam os outros, as crianças são acariciadas.

Os pais de família dizem:

– Ai, filhinhos meus! O que acontecerá a vós? Oh, em vós aconteceu o que vai acontecer!...

E as mães de família dizem:

– Filhinhos meus, como podereis ver, assombrados, o que virá sobre vós?

Também se disse, se colocou ante os olhos, se levou ao conhecimento de Motecuhzoma, se comunicou a ele e se lhe fez ouvir, para que em seu coração ficasse bem guardado:

Uma mulher, de nossa gente, os vem acompanhando, vem falando na língua *náhuatl*. Seu nome, Malintzin; sua casa, Tetícpac. Acolheram-na primeiramente lá na costa...

Foi por este tempo também que eles (os homens de Castela) faziam insistentemente perguntas a respeito de Motecuhzoma: como ele era, se moço, homem maduro ou velho. Se ainda tinha vigor ou se já estava senil, se acaso já era ancião, se tinha cabeça grisalha.

E respondiam aos "deuses", aos homens de Castela:

– É um homem maduro; não é corpulento, mas franzino, um pouco magro; apenas magro, de corpo fino.

Motecuhzoma pensa em fugir

Pois quando Motecuhzoma ouvia que muito se perguntava sobre ele, que se investigava sobre sua pessoa, que os "deuses" desejavam muito ver seu rosto, seu coração se apertava, inundava-se de enorme angústia. Estava para fugir, tinha desejos de fugir; desejava ardentemente esconder-se fugindo, estava para fugir. Procurava esconder-se, ansiava esconder-se. Queria se esconder, queria escapar aos "deuses".

E pensava e teve o pensamento; projetava e teve o projeto; planejava e teve o plano; meditava e andava meditando em ir se esconder no fundo da caverna.

E a alguns, aos quais tinha aberto o coração, em quem o coração estava firme, em quem tinha grande confiança, os fazia sabedores disto. Eles lhe diziam:

– É conhecido o lugar dos mortos, a Casa do Sol, e a Terra de Tláloc, e a Casa de Cintli. Irá para lá. Onde esteja tua boa vontade.

De sua parte, tinha seu desejo: desejava ir à Casa de Cintli (templo da deusa do milho).

Assim se soube, assim se divulgou entre a população.

Mas não pôde. Não pôde ocultar-se, não pôde esconder-se. Já não estava robusto, já não estava vigoroso; já nada podia fazer.

A palavra dos sedutores com que haviam transtornado seu coração, com que o haviam alienado, o haviam feito estar como girando, o haviam deixado sem vigor e decaído, o tinha deixado totalmente incerto e inseguro (se poderia esconder-se) lá onde se mencionou.

Apenas esperou-os. Apenas decidiu em seu coração, apenas resignou-se; dominou finalmente o coração, recolheu-se em seu interior, e o dispôs a ver e admirar o que haveria de acontecer[9].

5 O encontro de Cortés e Motecuhzoma

Após os espanhóis passarem pelos territórios tlaxcaltecas, que a partir de então se converteram em seus aliados, dado o ódio que tinham dos Astecas, Cortés iniciou marcha até o Vale do México. Em sua passagem por Cholula deu-se a matança de que falam numerosas fontes.

Por fim, a 8 de novembro de 1519, os homens de Castela, depois de cruzar os vulcões, entraram pela primeira vez em México-Tenochtitlan. Chegaram pelo caminho de Iztapalapa, que unia pelo sul a cidade com a margem do lago. Vejamos o testemunho indígena.

Desta maneira, chegaram (os espanhóis) até Xoloco[10]. Ali chegam ao seu objetivo, ali está a meta.

Neste tempo Motecuhzoma se adorna, se engalana para ir ao encontro deles. Também os demais grandes

---

9. Informantes de Sahagún, *Códice florentino*, livro XII, cap. IX (Tradução de Ángel Ma. Garibay K.).
10. Xoloco: "na bifurcação". Lugar onde se bifurcava o caminho que levava à cidade do México.

príncipes, os nobres, seus ilustres, seus cavalheiros. Já vão todos encontrar-se com os que chegam.

Colocaram finas flores em grandes bandejas: a flor do escudo, a do coração; no centro se destaca a flor do bom aroma, a amarela odorífera, a valiosa. São grinaldas, são travessas para o peito.

Levam também colares de ouro, colares de grossas contas, colares de tecido de *petatillo*[11].

Pois ali em Huitzillan lhes sai ao encontro Motecuhzoma. Logo presenteia o capitão, que comanda os demais, e os que vêm guerrear. Oferece-lhes presentes, põe-lhes flores ao pescoço, dá-lhes colares de flores e fiadas de flores para cruzarem no peito, e põe grinaldas de flores em suas cabeças.

Em seguida, põe em frente a eles os colares de ouro, toda espécie de dons, de gentilezas de boas-vindas.

Diálogo de Motecuhzoma e Cortés

Quando Motecuhzoma terminou de dar colares a cada um, disse-lhe Cortés:

– Porventura és tu? És tu mesmo que vens? É verdade que és Motecuhzoma?

Disse-lhe Motecuhzoma:

– Sim, eu sou.

---

11. Esteirinhas de folhas de palmeira.

Imediatamente se põe em pé, a fim de recebê-lo, se achega a ele e se inclina, tanto quanto pode dobrar a cabeça; assim discursa, lhe diz[12]:

– Senhor nosso: tu te fatigaste, tanto te cansaste: já à terra chegaste. Alcançaste a tua cidade: México. Aqui vieste para sentar-te em teu sólio, em teu trono. Oh, por breve tempo reservaram-no para ti, os que já se foram, teus substitutos.

"Os senhores reis, Itzcoatzin, Motecuhzomatzin o velho, Axayácac, Tízoc, Ahuítzotl. Oh, quão breve tempo somente reservaram para ti, dominaram a cidade do México.

Sob sua proteção, sob seu abrigo, estava resguardado o povo simples.

Eles hão de ver e saberão, por acaso, dos que deixaram, de sua futura geração?

Oxalá um deles estivesse vendo, visse com assombro o que eu agora vejo vir a mim!

O que eu vejo agora: eu, o resto, o sobrevivente de nossos senhores.

Não, não estou sonhando, não me levanto entorpecido do sono: não vejo em sonhos, não estou sonhando...

É que já te vi, é que já pus meus olhos em teu rosto!

Há cinco, há dez dias eu estava angustiado: tinha fixo o olhar na Região do Mistério.

---

12. As palavras de Motecuhzoma parecem sugerir que ele ainda acreditava ver Quetzalcóatl na figura de Cortés.

E tu vieste entre nuvens, entre névoas.

Isto foi o que nos deixaram dito os reis, os que regeram, os que governaram tua cidade:

Que haverias de instalar-te em teu assento, em teu setial, que haverias de vir aqui...

Pois agora realizou-se: tu já chegaste, com grande fadiga, com afã vieste.

Chega à terra: vem e descansa; toma posse de tuas casas reais; dá refrigério ao teu corpo.

Chegai à vossa terra, senhores nossos!"

Quando terminou o discurso de Motecuhzoma: o marquês o ouviu, Malintzin o traduziu, deu-lhe esclarecimentos.

E quando percebeu o sentido do discurso de Motecuhzoma, imediatamente lhe respondeu por meio de Malintzin. Disse-lhe em língua estranha, disse-lhe em língua selvagem:

– Tenha confiança, Motecuhzoma, e nada tema. Nós muito o amamos. Bem contente hoje está nosso coração. Vemos-lhe o rosto, o ouvimos. Já faz muito tempo que desejávamos vê-lo.

E disse mais isto:

– Já viemos, já estamos em sua casa no México; desta maneira, pois, já poderá ouvir nossas palavras com toda calma.

Prontamente lhe deram a mão e assim foram caminhando. Dão-lhe tapinhas nas costas, manifestando desta maneira seu carinho[13]...

6 A matança do templo maior

Já estabelecidos em México-Tenochtitlan os homens de Castela, Motecuhzoma se converteu em prisioneiro de Cortés. Este teve que ausentar-se da cidade a fim de ir combater a Pánfilo de Narváez, que vinha tomar-lhe o comando por ordem de Diego Velásquez, governador de Cuba. Alvarado aproveitou-se, então, da festa de Tóxcatl, quando o povo estava todo reunido dentro do templo maior, para atacar traiçoeiramente os indígenas.

Pois assim aconteceram as coisas: enquanto se está desfrutando da festa, ora com baile, ora com canto, emendando um canto a outro, e os cantos são como um estrondo de ondas, neste exato momento os homens de Castela decidem matar o povo. Vêm logo para cá, todos vêm com armas de guerra.

Fecham as saídas, as passagens, as entradas: a Entrada da Águia, no palácio menor, a de Ácatliyacapan (Ponta da Cana), a de Tezcacóac (Serpente de Espelhos). Assim que as fecharam, postaram-se em todas elas; já ninguém podia sair.

---

13. Informantes de Sahagún, *Códice florentino*, livro XII, cap. XVI (Tradução de Angel Ma. Garibay K.).

As coisas assim dispostas, imediatamente entram no Pátio Sagrado para matar a todos. Vão a pé, levam seus escudos de madeira, e alguns de metal, e suas espadas.

Imediatamente cercam os que dançam, atiram-se sobre o lugar dos atabaques: deram uma cutilada no que estava tocando: cortaram-lhe ambos os braços. Logo o decapitaram: longe foi cair sua cabeça cortada.

Já então começaram a passar a todos ao fio das espadas, ferindo com lanças e espadas. Alguns foram atacados por trás; imediatamente caíram deixando dispersas na terra suas entranhas. A outros lhes dilaceraram a cabeça; lhes cortaram a cabeça, inteiramente despedaçada caiu sua cabeça.

Mas a outros golpearam nos ombros: descarnados, dilacerados caíram seus corpos. A uns feriram nas coxas, a outros na barriga das pernas, aos demais em pleno abdome. Todas as entranhas caíram por terra. E havia alguns que ainda em vão corriam: arrastavam os intestinos e pareciam emaranhar-se neles. Na ânsia de pôr-se a salvo, não sabiam para onde se dirigir.

Alguns buscavam sair: ali na entrada os feriam, os apunhalavam. Outros escalavam os muros; mas não puderam salvar-se. Outros entraram na casa comum: ali se salvaram. Outros esconderam-se entre os mortos, fingiram-se de mortos para escapar. Aparentando estarem mortos, se salvaram. Mas se, por acaso, alguém se levantasse, o viam e o esfaqueavam.

O sangue dos guerreiros corria como se fosse água: como água que se alaga, e o mau cheiro do sangue e das entranhas, que pareciam arrastar-se, tomava conta do ar.

Os espanhóis andavam por toda parte à procura das casas da comunidade: por toda parte davam estocadas, buscavam coisas: isto para no caso de ali estar alguém oculto; por toda parte andavam, tudo esquadrinharam. Rebuscaram por todas as partes nas casas comunais.

A reação dos mexicanos

E quando se soube lá fora, começou uma gritaria:

– Capitães, mexicanos… vinde cá! Que todos venham armados: suas insígnias, escudos, dardos!… Vinde cá depressa, correi: estão mortos os capitães, mataram nossos guerreiros!… Foram aniquilados, ó capitães mexicanos!

Então ouviu-se o estrondo, ergueram-se gritos, e o alarido do povo que batia nos lábios. Logo agruparam-se todos os capitães, como se tivessem sido citados: trazem seus dardos, seus escudos.

Começa, então, a batalha: arremessam dardos, flechas, chuços, arpões de caçar aves. E furiosos e rápidos lançam seus chuços. Como uma nuvem amarela, sobre os espanhóis caem aquelas armas.

Os homens de Castela se refugiam nas casas reais

Os homens de Castela, por sua vez, imediatamente se protegeram. E também eles começaram a flechar os mexicanos com seus dardos de ferro. E dispararam o canhão e o arcabuz.

Imediatamente prenderam Motecuhzoma em algemas.

Os capitães mexicanos, que haviam sucumbido na matança, foram separados um após o outro. Eram levados, separados, buscava-se identificar cada um.

O pranto pelos mortos

E os pais e as mães de família elevaram o pranto. Chorou-se, se fez a lamentação pelos mortos. Cada um foi levado para sua casa, mas depois os trouxeram ao Pátio Sagrado: ali reuniram os mortos; ali todos juntos foram cremados, num lugar apropriado, denominado Cuauhxicalco (Urna da Águia). Houve outros, porém, que foram cremados na Casa dos Jovens[14].

7 O texto anônimo de Tlatelolco

Este relato da conquista, escrito na língua náhuatl *até 1528 por autores anônimos da vizinha Tlatelolco, inicia também com a chegada dos espanhóis às margens do Golfo.*

---

14. Informantes de Sahagún, *Códice florentino*, livro XII, cap. XX (Tradução de Angel Ma. Garibay K.).

Transcreve-se aqui grande parte dele a partir da narração da fuga dos espanhóis após a já descrita matança do templo maior.

A noite triste

Em consequência de tais fatos, saíram (os espanhóis) logo de noite. Na festa de Tecuílhuitl saíram; foi quando morreram no Canal dos Toltecas. Furiosamente ali os atacamos.

Quando de noite saíram, primeiramente concentraram-se em Mazatzintamalco. Ali foi o ponto de encontro deles quando saíram de noite.

Ano 2-Pedernal. Foi quando morreu Motecuhzoma; no mesmo tempo também morreu o Tlacochcátl de Tlatelolco, Itzcohuatzin.

Quando se foram (os espanhóis), estabeleceram-se em Acueco. Foram expulsos dali. Abrigaram-se em Teuhcalhueyacan. Dirigiram-se para Zoltépec. Dali partiram, foram abrigar-se em Tepotzotlan. Dali saíram, foram abrigar-se em Citlaltépec; dali foram se estabelecer em Temazcalpan. Seus habitantes saíram ao seu encontro: lhes deram galinhas, ovos, milho em grão. Ali descansaram.

Por fim se refugiaram em Tlaxcala.

Então se espalhou a epidemia: tosse, grãos ardentes que queimam.

A volta dos espanhóis

Quando a epidemia diminuiu, puseram-se em marcha. Partem para Tepeyácac, que foi o primeiro lugar conquistado.

Saem dali: na festa de Tomar a Bebida (Tlahuano) dirigem-se a Tlapechuan. É a festa de Izcalli.

Após 200 dias partiram, estabeleceram-se em Tetzcoco. Ali estiveram 40 dias.

Logo em seguida vêm, novamente vêm no rumo de Citlaltépec. Até Tlacopan. Ali se estabelecem no palácio.

Também se estabeleceram aqui os que vieram de Chiconauhtla, Xaltocan, Cuauhtitlan, Tenayucan, Azcapotzalco, Tlacopan, Coyoacan.

Não combatem por sete dias.

Estavam sozinhos em Tlacopan. Mas logo retrocedem novamente. Já não vão todos juntos e por lá partem para se estabelecer em Tetzcoco.

Oitenta dias depois, partem para Huaxtépec, Cuauhnáhuac (Cuernavaca). De lá desceram a Xochimilco. Ali morreu gente de Tlatelolco. Outra vez saiu (o espanhol) dali; veio a Tetzcoco para ali também se estabelecer. Também em Tlaliztacapa morreu gente de Tlatelolco.

Quando eles se estabeleceram em Tetzcoco foi que os de Tenochtitlan começaram a matar-se uns aos outros.

No ano 3-Casa mataram seus príncipes, Cihuacóatl Tzihuacpopocatzin e Cicpatzin Tecuecuenotzin. Mataram também os filhos de Motecuhzoma, Axayaca e Xoxopehuáloc.

Mais isto: puseram-se a rivalizar uns com outros e a se matar. Esta é a razão pela qual foram mortos aqueles principais: incitavam, buscavam convencer o povo para juntar milho branco, galinhas, ovos, para dar àqueles homens (aos homens de Castela) em sinal de tributo.

Foram os sacerdotes, os capitães, os irmãos maiores que fomentaram tais mortes. Mas os chefes mais importantes estavam encolerizados porque haviam sido mortos aqueles principais.

Disseram os assassinos:

– Somos nós os que viemos fazendo matanças? Ultimamente, faz 60 dias que houve mortos ao nosso lado... Conosco se realizou a festa de Tóxcatl!... (A matança do templo maior).

O cerco a Tenochtitlan

Já se põem em pé de guerra, já vão (os espanhóis) fazer-nos batalha. Durante dez dias nos combatem e é quando surgem seus navios (bergantins). Aos 20 dias vão acomodar seus navios, através de Nonohualco, no ponto chamado Mazatzintamalco.

Quando seus navios chegaram aqui, chegaram pelo caminho de Iztacalco. Submeteu-se a eles, então, a população de Iztacalco. E de lá se dirigiram para cá. Logo posicionaram os navios em Acachinanco.

Também desde logo construíram suas cabanas os de Huexotzinco e Tlaxcala de um e de outro lado do caminho. Também espalham seus barcos os de Tlatelolco. Estes estão em seus barcos no caminho de Nonohualco, em Mazatzintamalco estão seus barcos.

Mas em Xohuiltitlan e em Tepeyácac ninguém tem barcos. Os únicos que estavam vigiando o caminho somos nós de Tlatelolco quando aqueles chegaram com seus barcos. No dia seguinte os deixaram em Xoloco.

Durante dois dias houve combate em Huitzilan. Foi quando se mataram uns aos outros os de Tenochtitlan. Diziam-se:

– Onde estão nossos chefes? Ao menos uma vez vieram lutar? Acaso realizaram ações de varões?

Rapidamente agarraram quatro: adiante estão os que mataram. Mataram Cuauhnochtli, capitão de Tlacatecco, Cuapan, capitão de Huitznáhuac, o sacerdote de Amentlan, e o sacerdote de Tlalocan. Igualmente, em seguida, causaram dano a si mesmos os de Tenochtitlan ao matar-se uns aos outros.

Os espanhóis colocaram dois canhões em meio ao caminho de Tecamman apontando para cá. Quando dispararam os canhões, a bala foi cair na Porta da Águia.

Então puseram-se em movimento todos os de Tenochtitlan. Tomaram Huitzilopochtli nos braços, trouxeram-no a Tlatelolco, abrigaram-no na Casa dos Moços

(Telpochcalli), que está em Amáxac. E seu rei veio estabelecer-se em Acacolco. Era Cuauhtemoctzin[15].

A população se refugia em Tlatelolco

E isso foi o suficiente; os do povo simples nesta ocasião deixaram sua cidade de Tenochtitlan para abrigar-se em Tlatelolco. Vieram refugiar-se em nossas casas. Imediatamente se acomodaram em todas as partes de nossas casas, em nossos terraços.

Bradam seus chefes, seus principais, e dizem:

– Senhores nossos, mexicanos, tlatelolcas...

Pouco nos resta... Não fazemos mais que defender nossas famílias. Não se apossarão dos armazéns, do produto de nossa terra.

Aqui está nosso alimento, o sustento da vida, o milho.

O que para vós guardava vosso rei: escudos, insígnias de guerra, rodelas (pequenos escudos) leves, berloques de pluma, argolas de ouro, pedras finas. Isto tudo é vosso, propriedade vossa.

Não desanimeis, não percais o ânimo. Aonde iremos?

Mexicanos somos, tlatelolcas somos!

Logo em seguida, os que aqui governam apanharam apressadamente todas as coisas assim que eles entrega-

---

15. Cuauhtemoctzin é uma forma reverencial para designar o jovem senhor Cuauhtémoc.

ram as insígnias, seus objetos de ouro, seus objetos de pluma de *quetzal*[16].

E são estes os que andavam gritando pelas ruas e entre as casas e no mercado:

Xipánoc, Teltlyaco, o vice Cihuacóatl, Motelchiuh, quando era de Huiznáhuatl, Zóchitl, o de Acolnáhuac, o de Anáhuac, o Tlacochcátl, Itzpotonqui, Ezhuahuácatl, Coaíhuitl, que se identificou como chefe de Tezcacóac. Huánitl, que era Mixcoatlailótlac; o administrador dos templos, Téntil. Esses eram os que andavam clamando, como se disse, quando vieram abrigar-se em Tlatelolco.

E aqui estão os que os ouviram:

Os de Coyoacan, de Cuauhtitlan, de Tultitlan, de Chicunauhtla, Coanacotzin, o de Tetzcoco, Cuitláhuac, o de Tepechpan, Itzyoca. Todos os senhores desses caminhos ouviram o discurso feito pelos de Tenochtitlan.

E durante o tempo todo em que estivemos combatendo, em nenhum lugar se viu o tenochca (natural de Tenochtitlan); em todos os caminhos daqui: Yacacolco, Atexcapan, Coatlan, Nonohualco, Xoxohuitlan, Tepeyácac, em todos esses lugares foi obra exclusivamente nossa, foi feita exclusivamente pelos tlatelolcas. Igualmente os canais foram obra exclusiva nossa[17].

---

16. *Quetzal*: ave trepadora americana.
17. Note-se o constante empenho dos mexica-tlatelolcas em citar sua valentia e suas proezas na defesa da cidade, frequentemente censurando aos mexica-tenochcas. Uma explicação para isto é o antigo ressentimento dos tlatelolcas, vencidos e dominados pelos tenochcas, desde os tempos do Rei Axayácatl.

Agora, então, os capitães tenochcas ali (refugiados em Tlatelolco) cortaram o cabelo, e os de menor graduação também ali cortaram os seus, e os *cuachiques*, e os *otomíes*[18], de graduação militar, que costumam usar seu capacete de plumas, já não eram vistos desta forma, durante todo o tempo em que estivemos combatendo.

Os de Tlatelolco, por sua vez, cercaram os principais daqueles (os tenochcas) e todas as suas mulheres os cumularam de opróbrios e os afligiram dizendo:

– Não mais estais ali parados?... Não vos envergonhais? Não haverá mulher que em tempo algum venha a pintar o rosto para vós!...

E suas mulheres andavam chorando e pedindo favor em Tlatelolco.

E os desta cidade, quando veem tudo isso, protestam, mas já não se veem em nenhuma parte os tenochcas.

Da parte dos tlatelolcas, sofreram de igual maneira tanto o *cúachic* quanto o *otomí* e o capitão. Morreram pelo canhão ou arcabuz.

A mensagem do senhor de Acolhuacan

Por este tempo veio uma delegação do rei de Acolhuacan, Tecocoltzin. Os que vieram conferenciar em Tlatelolco são:

---

18. *Cuachiques* e *otomíes*: graduação militar entre os mexicanos.

Tcuyahuácatl, Topantmoctzin, Tezcacohuácatl, Quiyotecatzin, o Tlacatéccatl Temilotzin, o Tlacochcálcatl Coyohuehuetzin e o Tziuhtecpanécatl Matlalacatzin.

Dizem os enviados do rei de Acolhuacan, Tecocoltzin:

– Envia-nos aqui o senhor, o de Acolhuacan, Tecocoltzin. Disse isto:

"Ouçam, por favor, os mexicanos tlatelolcas:

Arde, se calcina seu coração e seu corpo está doente.

Do mesmo modo a mim me arde e se calcina meu coração.

O que é o pouquinho que eu tenho? Do meu fardo, o oco de meu manto, por toda parte tomam: vão me tirando. Fez-se, acabou-se o habitante deste povo."

Pois digo:

"Que por sua própria vontade disponha-se a morrer o tenochca: que por seu próprio querer pereça: nada tereis a seu favor, já não esperarei pela sua palavra.

Que dirá? Como disporeis dos pouquíssimos dias? É tudo: que ouçam minhas palavras."

Retrucam-lhe o discurso os senhores de Tlatelolco, e dizem:

– Faze-nos honra, ó tu, capitão, irmão meu:

Afinal, porventura, nossa mãe e nosso pai é o chichimeca habitante de Acolhuacan?

Pois aqui está: eles o ouvem: faz 60 dias que ele tem intenção de que se faça assim como ele disse. E agora já não mais foi visto: destroem-se totalmente, não mais dão gritos: pois uns se conservam como gente de Cuauhtitlan, outros como de Tenayucan, de Azcapotzalco, ou de Coyoacan se fazem passar.

Não vejo mais isto: e é que eles gritam que são tlatelolcas. Como farei isto?

Satisfez-se seu coração, teve o prazer de fazê-lo, deu certo, chegou a ele sem embaraço!... Ah, já estamos cumprindo a ordem e o disposto de nosso senhor! Faz 60 dias que estamos combatendo!...

Os tlatelolcas são convidados a pactuar

Veio amedrontá-los, da parte dos espanhóis, dar gritos, o chamado Castañeda, no lugar conhecido por Yauhtenco veio dar gritos. Acompanham-no tlaxcaltecas, já dão gritos aos que estão em vigia de guerra junto ao muro na água azul. São o chamado Itzpalanqui, capitão de Chapultepec, dois de Tlapala, e Cuexacaltzin.

Diz a eles:

– Venham alguns aqui!

E eles dizem uns aos outros:

– O que quererá dizer? Vamos ouvi-lo.

Logo tomam um barco e, de longe, dizem para aquele:

– O que é que quereis dizer?

Dizem logo os tlaxcaltecas:

– Onde é vossa casa?

Dizem:

– Está bem: sois os que são procurados. Vinde aqui, o "deus", o capitão, vos chama.

Saíram então, vão com ele a Nonohualco, à Casa da Névoa, onde estão o capitão, Malintzin e "O Sol" (Alvarado) e Sandoval. Ali estão reunidos os senhores do povo, há conversas, dizem ao capitão:

– Vieram os tlatelolcas, os trouxemos.

Disse Malintzin a eles:

– Vinde cá, disse o capitão:

"Que pensam os mexicanos? É uma criança Cuauhtémoc?

Que não têm compaixão das criancinhas, das mulheres?

É assim que perecerão os velhos?

Pois estão aqui comigo os reis de Tlaxcala, Huexotzinco, Cholula, Chalco, Acolhuacan, Cuauhnáhuac, Xochimilco, Mizquic, Cuitláhuac, Culhuacan".

Eles (vários desses reis) disseram:

– Acaso o tenochca está zombando das pessoas? Seu coração também sofre pelo povo em que nasceu. Que deixem sozinho o tenochca; sozinho e por si mesmo... que vá perecendo...

Irá se angustiar acaso o coração do tlatelolca, porque desta maneira têm morrido os mexicanos, de quem ele zombava?

60

Então dizem (os enviados tlatelolcas) aos senhores:

– Não é acaso deste modo como o dizeis, senhores?

Dizem eles (os reis indígenas aliados de Cortés):

– Sim. Assim o ouça nosso senhor o "deus": deixai sozinho o tenochca, que sozinho pereça... Ali está a palavra que vós tendes de nossos chefes?

Disse o "deus" (Cortés):

– Ide dizer a Cuauhtémoc; que concordem, deixem sozinho o tenochca. Eu irei para Teucalhueyacan, como eles pactuaram lá, irão me dar sua palavra. E quanto aos navios (bergantins), os mudarei para Coyoacan.

Quando o ouviram, logo lhe disseram (os tlatelolcas):

– Onde havemos de pegar aqueles (os tenochcas) que andam procurando? Já estamos no último suspiro: oxalá recobremos algum ânimo!...

E, assim, foram falar com os tenochcas. Lá com eles se fez união. Dos barcos não mais se gritou. Não era possível deixar sozinho o tenochca[19].

Recomeça-se a luta

Estando assim as coisas, finalmente, se preparam para nos atacar. É a batalha. Logo se colocaram em Cuepopan e

---

19. Apesar dos esforços de Cortés para dividir os mexicanos-tlatelolcas e os mexicanos-tenochcas, os primeiros decidem manter sua lealdade.

em Cozcacuahco. Põem-se em atividade com seus dardos de metal. É a batalha com Coyohuehuetzin e mais quatro.

Quanto aos navios deles, são colocados em Texopan. A batalha ali dura três dias. Expulsam-nos dali. Chegam logo ao Pátio Sagrado: ali a batalha dura quatro dias.

Chegam logo até Yacacolco: quando chegaram os espanhóis, pelo caminho de Tlilhuacan.

E isso foi tudo. Dos habitantes da cidade, só de Tlatelolco morreram dois mil homens. Foi quando fizemos, os de Tlatelolco, armações de "fileiras de crânios" (tzompantli). Em três lugares estavam estas armações. Naquele que está no Pátio Sagrado de Tlilancalco (Casa Negra). É onde estão enfiados os crânios de nossos senhores (espanhóis).

No segundo lugar, que é Acacolco, também estão enfiados em espetos crânios de nossos senhores e dois crânios de cavalo.

No terceiro lugar, que é Zacatla, em frente ao templo da deusa (Cihuacóatl), há exclusivamente crânios de tlatelolcas.

Assim estando as coisas, fizeram-nos sair. E estabeleceram-se no mercado.

Foi quando caiu vencido o tlatelolca, o grande tigre, o grande águia, o grande guerreiro. Com isto chegou a batalha a seu final.

Foi quando também lutaram e guerrearam as mulheres de Tlatelolco, lançando seus dardos. Feriram os invasores; carregavam insígnias de guerra, marchavam com elas.

Levavam arregaçadas suas anáguas, levantaram-nas para cima de suas pernas a fim de poder perseguir os inimigos.

Foi também quando fizeram um dossel com mantas ao capitão ali no mercado, sobre um templozinho. E foi quando colocaram a catapulta aqui no templozinho. A batalha no mercado durou cinco dias.

Descrição épica da cidade sitiada

Isso tudo se passou conosco. Nós vimos, estamos estupefatos: com essa triste e lamentosa sorte nos vimos angustiados.

> Nos caminhos jazem dardos quebrados;
> os cabelos estão espalhados.
> Destelhadas estão as casas,
> incandescentes estão seus muros.
> Vermes abundam por ruas e praças,
> e as paredes estão manchadas de miolos arrebentados.
> Vermelhas estão as águas, como se alguém as tivesse tingido,
> e se as bebíamos, eram água de salitre.
> Golpeávamos os muros de adobe em nossa ansiedade
> e nos restava por herança uma rede de buracos.
> Nos escudos esteve nosso resguardo,
> mas os escudos não detêm a desolação.
> Temos comido pães de *colorín*[20],
> temos mastigado grama salitrosa,
> pedaços de adobe, lagartixas, ratos,
> e terra em pó e mais os vermes.

---

20. *Colorín*: árvore venenosa, leguminosa, de muita sombra.

Comemos a carne quando mal havia sido colocada sobre o fogo. Uma vez cozida a carne, dali a arrebatavam, a comiam no fogo mesmo.

Cada um de nós recebeu um preço. Preço do jovem, do sacerdote, do menino e da donzela. Basta: o preço de um pobre era só dois punhados de milho, só dez tortas de *mosco*[21]; nosso preço só era de 20 tortas de grama salitrosa.

Ouro, jade, mantas ricas, plumagens de *quetzal*, tudo isso que é precioso em nada foi apreçado.

Somente se expulsou do mercado o povo quando ali se colocou a catapulta.

A Cuauhtémoc levavam os prisioneiros. Não permanecem assim. Os que conduzem os prisioneiros são os capitães de Tlacatecco. De um lado e de outro lhes abrem o ventre. Abria-lhe o ventre Cuauhtemoctzin pessoalmente.

A mensagem do Acolnahuácatl Xóchitl

Foi neste tempo que (os espanhóis) trouxeram o Acolnahuáctl Xóchitl, que tinha sua casa em Tenochtitlan. Morreu na guerra. Foi conduzido com eles durante 20 dias. Vieram deixá-lo no mercado de Tlatelolco. Ali as flechas o alcançaram. Quando o trouxeram, foi assim: vieram-no trazendo agarrado de ambos os lados. Trouxeram também uma balestra, um canhão, que colocam no lugar onde se vende o incenso. Ali dão gritos.

---

21. Mosco: semente de certa gramínea.

Logo vão os de Tlatelolco, vão apanhá-lo. Vai guiando o povo o capitão de Huitznáhuac, um huasteco.

Após recolherem Xóchitl, veio prestar conta a (Cuauhtémoc) o capitão de Huitznáhuac, veio dizer-lhe:

– Xóchitl traz um recado.

E Cuauhtémoc conferenciou com Topantémoc:

– Tu irás parlamentar com o capitão (com Cortés).

Durante o tempo em que trouxeram Xóchitl, descansou o escudo, já não houve combates, já não se fazia prisioneiro a ninguém.

Logo apanham Xóchitl, o levam ao templo da Mulher (Cihuacóatl), em Axocotzinco.

Assim que o deixaram ali, Topantemoctzin, Coyohuehuetzin e Temolitzin dizem a Cuauhuácatl.

– Príncipe meu: (os espanhóis) trouxeram um dos magistrados, Xóchitl, o de Acolnahuácatl. Diz-se que te dará um recado.

Respondeu (Cuauhtémoc), logo disse:

– E vós, que dizeis?

Imediatamente todos alçaram o grito e disseram:

– Que o tragam aqui... veio a ser como nossa paga. Já fizemos agouros com papel, já fizemos agouros com incenso. Que ouça sozinho sua mensagem aquele que o foi apanhar.

Então, imediatamente vai o capitão de Huitznáhuac, o huasteco, inteirar-se da mensagem trazida por Xóchitl.

O Acolnahuácatl Xóchitl disse: o "deus" capitão e Malintzin lhes mandam dizer:

"Ouçam, por favor, Cuauhtémoc, Coyohuehuetzin, Topantémoc: Não têm compaixão dos pobres, das criancinhas, dos velhinhos, das velhinhas? Tudo já acabou aqui! Acaso ainda podem alguma coisa as vãs palavras? Tudo já está terminado!

Entreguem mulheres de cor clara, milho branco, galinhas, ovos, tortas brancas! Isto ainda é possível. O que respondem? É necessário que por sua própria vontade o tenochca se submeta, ou que por sua própria vontade pereça!..."

Assim que o capitão de Huitznáhuac, o huasteco, recebeu a mensagem, foi logo transmiti-la aos senhores de Tlatelolco e ali ao rei dos tenochcas, Cuauhtémoc. E quando ouviram a mensagem que lhes veio trazer o Acolnahuáctl Xóchitl, logo se põem em deliberação os senhores de Tlatelolco. Dizem:

– O que vós dizeis? Que determinação tomais?

A isto diz o Tlacochcálcatl Coyohuehuetzin:

– Dizei-o ao huasteco.

Consulta aos agoureiros

E disse Cuauhtémoc (aos agoureiros):

– Vinde, por favor: o que olhais, o que vedes em vossos livros?

Disse-lhes o sacerdote, o sabedor de papéis, o que corta papéis:

– Príncipe meu: ouvi o que diremos de verdade:

Mais quatro dias e haveremos alcançado 80. E acaso é disposição de Huitzilopochtli que nada aconteça. Acaso para desculpa dele tereis de ver por vós? Deixemos que passem estes quatro dias para que se completem 80.

E, decidido isto, não se fez caso. Também novamente se começou a batalha. De modo que o capitão de Huitznáhuac, o huasteco, somente foi oferecê-la, para dar começo à guerra.

Por fim, todos nos pusemos em marcha até Amáxac. Até lá chegou a batalha. Logo foi a dispersão, não mais pelas costas estão colocadas as pessoas. A água está cheia de pessoas; os começos dos caminhos estão cheios de gente.

A cidade vencida

Este foi o modo como terminou o mexicano, o tlatelolca. Deixou abandonada sua cidade. Ali em Amáxac foi onde estivemos todos. E já não tínhamos escudos, já não tínhamos macanás[22], e nada tínhamos que comer e nada comemos. E toda noite choveu sobre nós.

---

22. Macaná: arma ofensiva, semelhante à machete, usada pelos indígenas americanos.

Prisão de Cuauhtémoc

Então, quando saíram da água já vão Coyohuehuetzin, Topantemoctzin, Temilotzin e Cuauhtemoctzin. Levaram Cuauhtemoctzin onde estava o capitão, Dom Pedro de Alvarado e Dona Malintzin.

E quando eles foram feitos prisioneiros, foi quando a população começou a sair a ver onde se estabelecer. E, ao sair, iam maltrapilhos, as mulherzinhas levavam as carnes dos quadris quase desnudas. E por todos os lados os cristãos examinam. Abrem-lhes as roupas, por todos os lados passam-lhes a mão, por suas orelhas, por seus seios, por seus cabelos.

E esta foi a maneira como saiu o povo: por todos os caminhos se espalhou; por todas as povoações vizinhas, foram se abrigar em esconderijos, à beira das casas de estranhos.

No ano 3-Casa (1521) foi conquistada a cidade. A data em que nos espalhamos em Tlaxochimaco foi o dia 1-Serpente.

Quando nos tínhamos dispersado, os senhores de Tlatelolco foram se estabelecer em Cuauhtitlan: são Topantemoctzin, o Tlacochcálcatl Coyohuehuetzin e Temilotzin.

O que era grande capitão, o que era grande varão somente por lá anda e não veste senão farrapos. De igual modo, as mulheres: somente levam em suas cabeças trapos velhos e fizeram suas roupas com peças de várias cores.

Por isto estão aflitos os principais e disso falam uns com os outros: perecemos pela segunda vez!

Um pobre homem do povo que subia foi morto traiçoeiramente em Otontlan de Acolhuacan. Diante disso, se põem a deliberar uns com os outros os do povo que têm compaixão daquele pobre.

Dizem:

– Vamos, vamos rogar ao capitão nosso senhor.

A ordem de entregar o ouro

Neste tempo o ouro é requisitado, as pessoas são interrogadas, pergunta-se a elas se acaso têm ouro, se o esconderam em seu escudo, ou em suas insígnias de guerra, se ali o tiveram guardado, se acaso em sua argola, em seu berloque, ou em sua luneta, ou no pingente; tudo que seja ouro, logo deve ser ajuntado.

Desta maneira, ajuntou-se tudo quanto se pôde descobrir. E entregou-se tudo a um de seus chefes, Cuezacaltzin de Tlapala, Huitziltzin de Tepanecapan, o capitão de Huitznáhuac, o huasteco, e Potzontzin de Cuitlachcohuacan. Estes entregam o ouro a Coyoacan. Ao chegarem lá, dizem:

– Capitão, senhor nosso, amo nosso: mandam suplicar-te os senhores teus vassalos, os grandes de Tlatelolco. Dizem:

"Ouça, por favor, o senhor nosso:

Estão aflitos seus vassalos, pois os afligem os habitantes dos povoados onde estão refugiados pelos esconderijos e esquinas.

Troçam dele o habitante de Acolhuacan e o otomí, e os matam traiçoeiramente.

E mais ainda: aqui está o ouro com que vêm a implorar-te: isto é o que estava nas orelhas e nos escudos dos deuses de teus vassalos".

Em sua presença colocam o ouro, o colocam em cestões para que o veja. E quando o capitão e Malintzin o viram se encolerizaram e disseram:

– É, por acaso, isto o que procuramos? O que procuramos é o que deixaram cair no canal dos toltecas. Onde está? Precisamos disso!

Então lhes respondem os que vêm em comissão:

– Cuauhtemoctzin o deu a Cihuacóatl e a Huiznahuácatl. Eles sabem onde está: perguntem a eles.

Assim que os ouviu, mandou que lhes pusessem grilhões, que os encarcerassem. Veio dizer-lhes Malintzin:

– Disse o capitão: que se vão, que vão chamar seus chefes. Ficou-lhes agradecido. Pode ser que verdadeiramente os do vosso povo estejam padecendo, pois dele se está zombando.

Que venham, venham habitar suas casas de Tlatelolco; que os tlatelolcas venham se estabelecer em todas as suas terras. E dizei aos senhores chefes de Tlatelolco: já em Tenochtitlan ninguém há de se estabelecer, pois é a conquista dos "deuses", é sua casa. Ide.

O suplício de Cuauhtémoc

Assim sendo, quando se foram os embaixadores dos senhores de Tlatelolco, logo se apresentaram diante (dos espanhóis) dos chefes de Tenochtlitlan. Querem fazê-los falar.

Foi quando queimaram os pés de Cuauhtemoctzin.

Quando apenas estava amanhecendo foram buscá-lo, o amarraram a um cepo, o ataram a um cepo na casa de Ahuizotzin em Acatliyacapan.

Ali saiu a espada, o canhão, propriedade de nossos amos.

E tiraram o ouro em Cuitlahuactonco, na casa de Itzpotonqui. E quando o tiraram, levam novamente presos nossos príncipes até Coyoacan.

Foi nesta ocasião que morreu o sacerdote que cuidava de Huitzilopochtli. Haviam-no interrogado sobre onde estavam os adornos do deus e os do sumo sacerdote de nosso senhor e os do incensador máximo.

Então ficaram sabendo que os adornos estavam em Cuauhchichilco, em Xaltocan; que estavam guardados com alguns chefes.

Lá foram pegá-los. Quando apareceram os adornos, a dois enforcaram no meio do caminho de Mazatlan.

O povo torna a se estabelecer em Tlatelolco

Foi neste tempo que começou a regressar para cá o povo simples, veio se estabelecer em Tlatelolco. Era o ano 4-Coelho.

Logo veio Temilotzin, veio se estabelecer em Capultitlan.

E Dom Juan Huehuetzin veio se estabelecer em Atícpac.

Mas Coyohuehuetzin e Topantemoctzin morreram em Cuauhtitlan.

Quando viemos nos estabelecer em Tlatelolco, aqui somente nós vivemos. Ainda não tinham vindo se instalar nossos amos cristãos. Ainda nos deixaram em paz, todos permaneceram em Coyoacan.

Lá enforcaram Macuilxóchitl, rei de Huitzilopochco. E logo o rei de Culhuacan, Pizotzin. Aos dois lá enforcaram.

E o Tlacatécatl de Cuauhtitlan e o mordomo da Casa Negra fizeram-nos ser devorados por cães.

Também uns de Xochimilco foram devorados por cães.

E três sábios de Ehécatl, de origem tetzcocana, foram devorados por cães. Não mais eles vieram entregar-se. Ninguém os trouxe. Não mais vinham trazendo seus papéis com pinturas (códices). Eram quatro, um fugiu: três foram alcançados lá em Coyoacan.

Quanto aos espanhóis, quando chegaram em Coyoacan, dali se repartiram por diversas cidades, por toda parte.

Logo lhes foram dados indígenas como vassalos em todos esses povoados. Foi então que pessoas foram dadas de presente, foi quando foram dadas como escravas.

Neste tempo também deram liberdade aos senhores de Tenochtitlan. E os libertos foram a Azcapotzalco.

Ali (em Coyoacan) combinaram (os espanhóis) como levariam a guerra a Metztitlan. De lá voltaram para Tula.

O capitão logo faz guerra contra Uaxácac (Oaxaca). Eles vão a Acolhuacan, em seguida a Metztitlan, a Michoacan... Depois a Huey Mollan e a Cuauhtemala, e a Tecuantépec.

Não acaba aqui. Já disse como foi feito este papel[23].

8 Um canto triste sobre a conquista

O cântico, cuja versão damos aqui, provém do manuscrito conservado na Biblioteca Nacional do México. A data provável de sua composição é o ano de 1523. Nele se recorda dramaticamente a forma pela qual se perdeu a antiga nação mexicana.

>O pranto se alonga, as lágrimas gotejam ali em Tlatelolco.
>Já se foram os mexicanos navegando; assemelham-se a mulheres; a fuga é geral.
>Aonde vamos? Ó amigos! Logo, foi verdade?

---

23. Manuscrito anónimo de *Tlatetolco* (1528), conservado na Biblioteca Nacional de Paris, seção referente à conquista (Tradução de Ángel Ma. Garibay K.).

Já abandonaram a cidade do México;
o fumo está se levantando; a névoa está se estendendo...
Com pranto se saúdam o Huiznahuácatl Motelhuihtzin,
o Tlailotlácatl Tlacotzin,
o Tlacatecuhtli Oquihtzin...
Chorai, amigos meus,
entendei que, com estes fatos,
perdemos a nação mexicana.
A água se azedou, azedou a comida!
Isto é o que fez o doador da vida em Tlatelolco.
Sem respeito são levados Motelhuihtzin e Tlacotzin.
Com cantos se animavam uns aos outros em Acachinanco,
ah, quando foram postos à prova lá em Coyoacan[24]...

---

24. *Cantares mexicanos* (Biblioteca Nacional do México).

II

Memória maia da conquista

Introdução

A sequência dos fatos

Ao se falar da conquista dos estados maias, é preciso distinguir entre os da Península do Yucatán e os das terras altas de Chiapas e Guatemala. Ao contrário do que aconteceu na região central do México, onde os espanhóis encontraram um Estado poderoso, de grande pujança e desenvolvimento, na área maia, onde antes havia florescido extraordinárias metrópoles, por ocasião da conquista, somente existiam pequenos estados, ou nações, divididas entre si e, até certo ponto, em decadência.

Como já se disse, ao se abordar a conquista dos Astecas, o primeiro contato que os espanhóis tiveram com os indígenas da atual República Mexicana deu-se precisamente com os Maias de Yucatán. Em 1511, portanto oito anos antes da expedição de Hernán Cortés, deu-se o primeiro encontro inteiramente acidental. A caravela de um funcionário espanhol, Valdivia, que havia partido de Darién a caminho de São Domingos, encalhou nos Bajos de las Víboras. Valdivia e alguns companheiros se salvaram em um pequeno bote, que acabou sendo arrastado até as costas de Yucatán. Mas somente dois conseguiram salvar-se: Gonzalo Guerrero e Jerónimo de Aguilar. O primeiro, depois de algum tempo, casou-se com a filha do senhor de Chetumal e optou por ficar para sempre junto aos Maias. Aguilar, ao contrário, haveria de integrar-se à expedição de Cortés quando da passagem desta por Yucatán, em 1519. Já se assinalou a importante missão que desempenharia como intérprete entre Cortés e Malinche.

As expedições de Francisco Hernández de Córdoba, em 1517, e de Juan de Grijalva, em 1518 – o primeiro desembarcou provavelmente na Ilha das Mulheres e depois em terra firme; já o segundo alcançou a Ilha de Cozumel –, na realidade não tiveram grande importância. E, sob o ponto de vista indígena, somente foram significativas como prenúncio do que haveria de acontecer. Os contatos de Hernán Cortés e sua gente, entre os quais vinha pela segunda vez Francisco de Montejo, futuro conquistador de Yucatán, foram a confirmação da inevitável presença dos homens barbados, dos "comedores de anonas"[1], como foram chamados desde o princípio pelos Maias.

Não obstante, passariam ainda vários anos até que os homens de Castela empreendessem de maneira direta a conquista de Yucatán. Esta não se iniciaria antes de 1527, numa primeira tentativa levada a efeito por Montejo, e somente haveria de consumar-se em fins de 1546. Porém, se foram necessários vários anos para se conquistar Yuca-

---

1. Anonas: fruto ou planta da família das anonáceas (que têm como tipo a fruta-do-conde).

tán, o mesmo não aconteceu com os estados maias situados onde hoje é a Guatemala. Em fins de 1523, Pedro de Alvarado saiu da cidade do México, enviado por Cortés, a fim de conquistar as regiões do sul, onde é hoje Soconusco, e também os territórios dos cakchiqueles, quichés, tzutujiles e outros mais. Os principais acontecimentos da expedição de Alvarado são conhecidos por meio de depoimentos do próprio conquistador e, também, dos relatos dos vencidos, no caso quichés e cakchiqueles. Daremos brevemente a sequência dos fatos mais importantes.

Alvarado era acompanhado por 300 espanhóis e inúmeros indígenas, na sua maioria tlaxcaltecas. Após passar por Oaxaca e ter pacificado a população de Soconusco, cruzou o Suchiate. Assim que tiveram notícia disto, os senhores quichés decidiram opor-se à conquista. Para tanto, reuniram sua gente em Totonicapán. O primeiro encontro com os quichés deu-se às margens do Rio Tilapa. A segunda parte do manuscrito cakchiquel, conhecido também pelo título de *Memorial de Sololá*, narra que a 20 de fevereiro de 1524 (segundo seu calendário, dia 1-Ganel) "foram destruídos os quichés pelos homens de Castela".

Na realidade houve vários encontros. A última batalha se deu nas imediações de Quetzaltenango. Ali, como conta o texto indígena de *Los títulos de la casa Ixquin-Nehaib*, Alvarado e o grande capitão quiché Tecum Umán encontraram-se face a face. O relato quiché, do mesmo modo que os testemunhos astecas, transforma-se aqui e em outras passagens em verdadeiro poema épico. "Tecum Umán, como transfigurado, levantou voo e vinha feito águia, cheio de plumas que nasciam de si mesmo... Tentou matar o Tonatiuh (Alvarado) que vinha a cavalo e acertou o cavalo em vez do Adiantado e decepou a cabeça do cavalo com uma lança. Não era uma lança de ferro, mas de espelhos, e tal feito realizou este capitão por encanto. E como viu que não tinha matado o Adiantado, mas o cavalo, tornou a levantar voo para do alto vir matar o Adiantado. Então o Adiantado o esperou com sua lança, que atravessou ao meio este Capitão Tecum Umán..." E prossegue o relato indígena narrando a admiração de Alvarado e destacando que, desde então, aquele lugar recebeu o nome de Quetzaltenango, ou seja, o lugar defendido pelo *quetzal*.

Os senhores quichés, ao saberem da derrota, fingiram-se amigos dos homens de Castela. Receberam-nos em Gumarcaaj, sua capital, com a pretensão de derrotá-los ali. Alvarado, porém, já dentro da cidade, aprisionou os senhores, mandou queimá-los e incendiou a capital quiché. Tudo isso aconteceu em março de 1524.

O conquistador marchou logo para Iximché, chamado pelos senhores cakchiqueles Beleheb-Cat e Cahí-Imox. Estes optaram por aliar-se aos conquistadores. De Iximché, Alvarado enviou uma embaixada ao senhor Tepépul, dos tzutujiles, dizendo-lhe que devia aceitar a dominação dos homens de Castela. Em vez de submeter-se, os tzutujiles se prepararam para resistir. Em meados de abril de 1524, Alvarado conquistava esse território, situado às margens do Lago Atitlán.

O Adiantado regressou então a Iximché a fim de preparar novas conquistas. Entre elas estão a do território de Izcuintlán e, mais tarde, a de Cuzcatán, na atual República de El Salvador.

Os anais dos cakchiqueles narram minuciosamente o que aconteceu mais tarde. Alvarado havia regressado a Iximché, capital dos cakchiqueles. Suas repetidas exigências de ouro e de toda sorte de tributos acabou com a paciência dos cakchiqueles, que fugiram da cidade e se revoltaram violentamente. Em consequência disso, como narram os mesmos anais, "começou nossa matança por parte dos homens de Castela... a morte nos feriu novamente, mas nenhum dos povoados pagou o tributo". Cerca de um ano mais tarde, os cakchiqueles acabaram submetendo-se e, a 12 de janeiro de 1525, obrigaram-se a aceitar o pagamento de tributos.

A dominação espanhola consolidou-se na Guatemala. Alvarado, desde junho de 1524, havia estabelecido sua capital na antiga Iximché. A cidade cakchiquel mudou o nome para Santiago da Guatemala. Em 1527 a capital foi transferida para Valle de Almolonga. Ali haveria de morrer, anos mais tarde, a 11 de setembro de 1541, a viúva de Alvarado, Dona Beatriz de la Cueva, quando a cidade foi destruída pela erupção do vulcão Humahpú. Como diz o texto indígena, "a água brotou do interior do vulcão, pereceram e morreram os castelhanos e pereceu a mulher de Tonatiuh..."

Esses são os fatos principais da conquista das nações indígenas das terras altas da Guatemala. Voltemo-nos agora para a conquista de Yucatán, a outra porção principal do mundo maia.

Os encontros entre espanhóis e indígenas, a partir da primeira expedição, realizada em 1527, foram algumas vezes cordiais e outras, a maioria, hostis e violentos. Quando em 1531 o Adiantado Montejo cruzou a província de Maní, os xius, antigos povoadores de Uxmal, o acolheram amistosamente, tal como haviam feito os de Tlaxcala no México. Os de Chetumal, ao contrário, resistiram e o obrigaram a tomar o rumo de Honduras.

Mais tarde, ao tentar submeter a população de Campeche, Francisco de Montejo e seu próprio filho quase foram sacrificados. Consolidada a conquista de Campeche, mas de maneira muito precária, o jovem Montejo marchou contra os cocomes de Mayapán e os cupules que habitavam a região de Chichen-Itzá. Sem alcançar resultados positivos, mas podendo contar sempre com a fidelidade dos xius, teve que regressar finalmente ao encontro de seu pai. Os Maias, que deixaram vários relatos sobre esses fatos (entre esses relatos está o escrito por Ah Nakuk Pech, senhor de Chac-Xulub-Chen), divergem em sua narração com as notícias deixadas por Montejo e, mais tarde, principalmente por Frei Diego de Landa.

Apesar de os conquistadores não encontrarem, em sua passagem, nenhum estado poderoso, a conquista de

Yucatán prolongou-se por vários anos. As notícias que chegavam sobre as expedições ao Peru, segundo as quais havia ouro em abundância naquelas terras, por mais de uma vez fizeram desanimar as tropas dos Montejo. Montejo, o jovem, somente pôde empreender a conquista definitiva de Yucatán a partir do ano de 1541. A 6 de janeiro de 1542 fundou a antiga Tihó, que haveria de ser a cidade de Mérida. No ano seguinte deu início à nova Valladolid de Yucatán.

Pouco a pouco as armas dos "comedores de anonas" foram se impondo por todas as partes. A última ação importante foi a violenta rebelião dos grupos indígenas do leste de Yucatán, entre eles os cupules e os chichuncheles, que atacaram os espanhóis na noite de 8 de novembro de 1546 (no calendário sagrado maia, o 5-Cimi 19 Xul, "morte e fim", data extremamente significativa no *tzolkin*, ou cômputo astrológico de 260 dias). Contra o que se poderia ter previsto, a vitória ficou com os espanhóis. Pode-se afirmar que em fins de 1546 a conquista do norte e de uma parte do centro do Yucatán estava consumada.

Como veremos, não poucos fatos principais desta conquista foram registrados pelos sobreviventes indígenas. A crônica do já mencionado Ah Nakuk Pech e sobretudo os testemunhos incluídos nos vários livros de Chilam Balam, também em maia, permitem um conhecimento direto maior daquilo que chamaremos segunda visão dos vencidos.

Os testemunhos maias da conquista

1) Textos em quiché e em cakchiquel. Para compreender melhor o ponto de vista dos vencidos na conquista das terras altas da Guatemala, há vários relatos e crônicas em idiomas cakchiquel e quiché. O mais antigo destes parece ser *Títulos de la casa de Ixquin Nehaib, Señora del Territorio de Otzoya*, redigido originariamente em quiché na primeira metade do século XVI, mas dele somente se conserva uma antiga versão castelhana[2]. O testemunho dos quichés, que desde o início se opuseram a Alvarado, é rico em passagens de grande força épica, como a que já citamos sobre a morte do capitão Tecum Umán.

Devido também aos próprios descendentes daqueles que conceberam e compilaram o celebérrimo *Popol vuh*, onde estão contidas as antigas histórias dos quichés, conservou-se quase até o presente um outro tipo de testemunho indígena sobre a chegada dos homens de Castela. Referimo-nos ao diálogo ou baile da conquista, uma espécie de representação teatral indígena, que relembra a conhecida composição do *Rabinal Achí* ou drama do Varão de Rabinal. O *Baile de la conquista* dos quichés, conhecido graças ao testemunho de informantes de lugares como San Pedro de la Laguna, Zacapulas e outros povoados, é a mais viva recriação do encontro dos homens brancos com os de quiché, encenada diante do povo, que, contra o

---

2. O relato denominado *Título de la casa de Ixquin Nehaib* foi publicado por Adrián Recinos em *Crónicas indígenas de Guatemala* junto com outros importantes relatos indígenas. Guatemala: Universitaria, 1957, p. 71-94.

que muitos acreditam, não perdeu até agora a consciência do que significou a conquista[3].

São os *Anales de los cakchiqueles* a fonte em que se encontra o testemunho dos sábios e historiadores desta região indígena sobre a conquista. Tudo indica que a redação destes anais se deve a vários autores, todos da facção dos xahil, que registraram neles mitos e histórias sobre os tempos antigos e também incluíram, numa segunda parte, o relato da chegada dos castelhanos e os principais fatos da conquista. Ainda quando no manuscrito se fala dos acontecimentos referentes à nação cakchiquel até o ano de 1604, é evidente que o relato da conquista foi escrito em anos muito anteriores, por testemunhas dela ou, ao menos, por descendentes imediatos deles.

Este importante testemunho cakchiquel foi publicado em diversas ocasiões desde meados do século passado. Das várias versões castelhanas que existem dele, a melhor, sem dúvida, é a de Adrián Recinos[4].

Como dado até certo ponto curioso, pode-se mencionar, finalmente, que no *Lienzo de Tlaxcala*, já citado quando se tratou dos testemunhos indígenas da conquista do

---

3. O diálogo ou o *Baile de la conquista* foi publicado na versão do informante de San Pedro de la Laguna na revista *Guatemala Indígena*, Instituto Indigenista Nacional, vol. I, n. 2, abril-junho de 1961, p. 103-147. Cf. também o estudo de Jesus Castro Blanco sobre o *Baile de la conquista* na mesma revista *Guatemala Indígena*, vol. II, n. 1, janeiro-março de 1962, p. 57-66.
4. *Memorial de Sololá: anales de los cakchiqueles*. Tradução direta do original, introdução e notas de Adrián Recinos. Cidade do México: Biblioteca Americana, Fondo de Cultura Económica, 1950.

México, há várias pinturas sobre a expedição de Alvarado à Guatemala. A razão disto é que, como foi dito anteriormente, inúmeros tlaxcaltecas acompanharam Alvarado em suas conquistas pelo sul. Essas pinturas, obviamente, constituem uma forma de testemunho indígena especial: a de quem foi também vencido, já que perdeu sua antiga cultura, mas que, por sua rivalidade com os Astecas, optou por aliar-se aos espanhóis, não só na conquista do México, mas também em vários outros empreendimentos, como foi a conquista das terras altas do que hoje é a Guatemala.

2) Textos em maia. Tendo já mencionado os testemunhos em língua quiché e em cakchiquel, falaremos agora das fontes indígenas em maia sobre a conquista de Yucatán. A mais antiga destas parece ser a *Crônica de Chac Xulub Chen*, de autoria de Ah Nakuk Pech, senhor desse lugar. Nakuk Pech foi, como ele mesmo diz frequentemente, testemunha da conquista. Sua crônica ficou pronta provavelmente em princípios da segunda metade do século XVI. Homem bastante informado, registra nela não só fatos em que tomou parte e foi testemunha, mas ainda outros que lhe foram narrados por quem participou deles. Em seu relato claramente transparece a antiga maneira de se expressar e o estilo característico dos textos históricos dos tempos pré-hispânicos. Sua crônica trata desde o primeiro aparecimento dos homens de Castela até os acontecimentos em torno do ano de 1554 em Yucatán[5].

---

5. *Crónica de Chac Xulub Chen* (Tradução de Héctor Pérez Martínez), incluída em *Crónica de la conquista de México*. Introdução, seleção e notas de

Dos testemunhos em idioma maia sobre Yucatán, os 18 livros de Chilam Balam que se conservaram são, sem sombra de dúvida, a parte mais importante de seu legado literário. Vários deles contêm seções inteiras a respeito da conquista. O mais conhecido destes livros é o *Chilam Balam de Chumayel*. Embora somente exista uma cópia posterior dele, provavelmente do final do século XVIII, pode-se afirmar, contudo, que várias de suas seções, ou "capítulos", foram escritas a partir do mesmo século XVI. Dois desses capítulos são particularmente importantes para o estudo da visão maia sobre a conquista: o "Kahlay de los dzules", ou seja, a "memória a respeito dos estrangeiros", e o Kahlay ou memória da conquista. Existem várias versões em castelhano e inglês de tão interessante documento. Nesta apresentação de testemunhos, nos apoiaremos principalmente nas versões e estudos de tal documento preparados por Antonio Mediz Bolio, Ralph L. Roys e Alfredo Barrera Vásquez[6].

Infelizmente, boa parte dos livros de Chilam Balam permanece inédita até hoje. As versões que existem são a do já citado livro de Chumayel, a do livro de Tizimín,

---

Agustín Yáñez. 2. ed. Cidade do México: Biblioteca del Estudiante Universitario, 1950.

6. *O livro de Chilam Balam de Chumayel*. Tradução do maia por Antonio Mediz Bolio. São José, Costa Rica, 1930; VÁSQUEZ (1948); ROYS, R.L. (ed.). *The Book of Chilam Balam of Chumayel*. Washington: Carnegie Institution of Washington (publicação 438), 1940. Deste manuscrito, cujo original se extraviou, existe uma reprodução fac-símile feita por G.B. Gordon. *The Book of Chilam Balam of Chumayel*. Filadélfia: University Museum, Série de Publicações de Antropologia, vol. V, 1913.

parte do de Maní e do de Calkiní, este último é conhecido pelo título de Crônica ou Códice de Calkiní[7].

Nesta antologia estão incluídas algumas passagens do *Chilam Balam de Maní*, que foram inseridas no *Códice Pérez*, em versão preparada especialmente pelo professor Demetrio Sodi, bem como algumas partes do Códice ou Crônica de Calkiní, editada pelo já citado Barrera Vásquez[8].

Nestes textos dos livros de Chilam Balam encontra-se a denominada versão filosófica dos sábios maias sobre a conquista.

Finalmente, e é por ser pouco conhecido que o mencionaremos aqui, há um curioso texto na língua dos chontales de Tabasco, povo também da família maia, transcrito em princípios do século XVII, no qual se fala da chegada de Hernán Cortés à região de Acalan, às margens do Golfo do México. O conquistador, que marchava para Hibueras, levava consigo Cuauhtémoc como prisioneiro. Os chontales sustentam neste texto que Cuauhtémoc tentou obter apoio deles para se rebelar contra os conquistadores espanhóis. Segundo eles, a conjuração acabou sendo des-

---

7. Um estudo sobre a origem e localização dos outros livros de Chilam Balam pode-se encontrar em: VÁZQUEZ, A.B.; MORLEY, S.G. (1949).

8. O *Códice Pérez*, assim denominado em honra a Dom Juan Pío Pérez, inclui uma série de textos maias recompilados por ele mesmo. Existe uma edição preparada por Hermilo Solis Alcalá, Mérida, 1949. O *Códice de Calkiní* foi publicado em reprodução fac-símile e com tradução para o castelhano por Alfredo Barrera Vásquez, Biblioteca Campechana, n. 4, Campeche, 1957.

coberta, e esse, entre outros, parece ter sido o motivo por que Cortés fez matar o último senhor de Tenochtitlan.

Mesmo que este relato possa parecer desligado do conteúdo dos textos em maia, quiché e cakchiquel, o incluímos parcialmente aqui pois nele se pode ver qual foi a atitude desse território chontal, não só diante da presença dos homens de Castela, mas também diante da morte de quem foi chamado "o único herói à altura da arte", ou seja, do jovem senhor Cuauhtémoc[9].

O conceito maia da conquista

A imagem que os diversos grupos maias formaram sobre a conquista apresenta traços que a fazem inconfundível. Encontramos inicialmente nela, mais ainda que no caso dos Astecas, a preocupação milenar de indicar a data exata em que ocorreu cada acontecimento. Assim, por exemplo, estão registradas na *Crônica de Chac Xulub Chen* as três expedições que aportaram às costas de Yucatán: a de Hernández de Córdoba, a de Grijalva e a de Cortés. Sobre a primeira, lê-se na crônica que "nesse ano se deixou de contar o *katún*, se deixou de pôr em pé a pedra pública que a cada vinte *tunes* ou anos se punha em pé, antes da chegada dos senhores estrangeiros..." E no livro de Chilam Balam de Chumayel também se diz que no

---

9. O texto chontal, em reprodução fac-símile, e também traduzido para o espanhol e para o inglês, foi publicado por Scholes e Roys (1948, p. 367-405).

frontispício do *katún*, a pedra comemorativa do ciclo de 20 anos, no 13 *Ahau*, estava a representação da vinda dos cristãos. Muito ainda se poderia dizer dos testemunhos em quiché e cakchiquel que também registram o ano e o dia da chegada dos homens de Castela.

Neste caso, a importância que os Maias davam ao medir a marcha do tempo seria duplamente trágica: por um lado, a chegada dos estrangeiros significaria sua ruína; por outro, como deixou escrito Ah Nakuk Pech, sua vinda representou o fim da antiga tradição de levantar pedras para comemorar os *katunes*, já que, como se ressalta na crônica, "desde que vieram os homens de Castela não se voltou a fazer mais isto…"

Encontramos nos textos de Chilam Balam, em estreita relação com o tema do tempo, uma série de profecias de antigos sacerdotes que predizem com angústia a chegada dos *dzules* ou estrangeiros. Como se lê no livro de Chumayel, "seu aparecimento será o fim do *katún*". No texto de Maní estas mesmas profecias revelam uma insistência em fatos além do acreditável. Ali se dão os nomes de vários sacerdotes que anunciaram a chegada do pedaço de madeira, o qual, colocado no alto, haveria de dar novo sentido à vida dos Maias. Pode-se discutir se essas profecias foram feitas realmente antes da chegada dos conquistadores. Mas, mesmo que não tenha sido assim, mesmo que se possa constatar que foram redigidas em anos posteriores à dominação espanhola, de qualquer maneira são testemunho do empenho maia em alcançar com sua astrologia, com suas "rodas" ou ciclos de *katunes*, com sua ciência do tempo, uma interpretação coerente desses fatos que haveriam de transformar violentamente seu modo de ver o mundo, suas formas de adorar e toda sua antiga maneira de vida. Assim ficaram escritas as palavras atribuídas ao sacerdote Ah Kauil Chel: "Cumpriu-se o escrito: neste *katún*, mesmo que não o entendas, virá quem conheça a sucessão das épocas..."

Como no mundo asteca, assim também se pensou inicialmente, nas terras altas da Guatemala, que os estrangeiros eram deuses. Os *Anales de los cakchiqueles* são claros a respeito desse ponto. Aí se lê:

> Seus rostos eram estranhos
> os senhores os tomaram por deuses,
> nós mesmos, vosso pai,
> fomos vê-los
> quando entraram em Yximchée.

Os Maias de Yucatán, ao contrário, não pensaram que os estrangeiros eram deuses. Desde o princípio os chamaram de *dzules*, que quer dizer forasteiros. Também os apelidaram de "comedores de anonas" porque viam que os homens de Castela, ao contrário dos próprios Maias, comiam esses frutos.

Mas o traço mais interessante dos testemunhos maias, no qual se pode perceber o que chamamos de sua "visão filosófica da conquista", está nos juízos que emitiram a respeito dela. Lemos em Chilam Balam de Chumayel:

> Então tudo era bom
> e então (os deuses) foram abatidos.
> Havia neles sabedoria.
> Não havia então pecado...
> Não havia então enfermidade,
> não havia dor de ossos,
> não havia febre para eles,
> não havia varíolas...
> Retamente erguido ia seu corpo então.
> Não foi assim que fizeram os *dzules*
> quando chegaram aqui.
> Eles nos ensinaram o medo,
> vieram fazer as flores murchar.
> Para que sua flor vivesse,
> danificaram e engoliram nossa flor...

E acrescenta mais abaixo:

> Castrar o sol!
> Isso vieram fazer aqui os *dzules*.
> Ficaram os filhos de seus filhos,
> aqui no meio do povo,
> esses recebem sua amargura...

O juízo condenatório dos sacerdotes e sábios maias sobreviventes se fundamenta em razões. Como seus irmãos do mundo asteca, estão conscientes de que seus deuses morreram. Sabem que o cristianismo prega o amor e a paz. Mas veem com seus próprios olhos que a maneira de agir dos cristãos contradiz o que pregam:

> Este é o rosto (frontispício) de *Katún*,
> o rosto do *Katún* do 13 *Ahau*:
> quebrar-se-á o rosto do sol,
> cairá quebrando-se sobre os deuses de agora...
> Cristianizaram-nos,
> mas nos fazem passar de uns a outros
> como animais.
> Deus está ofendido com os chupadores...

Pode-se dizer, resumidamente, que há três elementos fundamentais na visão maia da conquista: é contemplada e predita a partir do ponto de vista da marcha inexorável do tempo; em Yucatán, ao menos, ninguém crê que os *dzules* sejam deuses; e, finalmente, toma-se consciência do que fizeram os *dzules* e são medidos conforme o critério da doutrina que eles mesmos pregam. Os que escreveram os livros de Chilam Balam já haviam aceito, ao menos em parte, o cristianismo. Prova disso são as numerosas interpolações com textos e ideias religiosas extraídas da tradição cristã. O que move os Maias a condenar os estrangeiros é a contradição entre suas pregações e sua maneira de agir e comportar-se com os indígenas. Isso nos parece o cerne do conceito maia sobre a conquista.

Os testemunhos maias da conquista

1 As palavras dos sacerdotes profetas

Se os Astecas afirmam em seus textos que houve prodígios e presságios funestos que predisseram a chegada dos homens brancos, os textos maias contêm igualmente as célebres profecias dos Chilam-Balamoob, ou sacerdotes "tigres", que anunciam a aparição dos que eles denominam "estrangeiros de barbas ruivas". Inicia-se assim a antologia dos textos maias sobre a conquista com várias das profecias, extraídas dos livros de Chilam Balam de Chumayel, de Tizimín e de Maní. Coincidem estas profecias em afirmar que dentro do undécimo período de 20 anos de 360 dias, ou seja, no 11 Ahau Katún, haveriam de chegar "os filhos do sol, os homens de cor clara". Damos, em seguida, a tradução de cinco desses textos proféticos, exemplo de outros muitos que se poderia apresentar.

Profecia de Chumayel e Tizimín sobre a vinda dos estrangeiros de barbas ruivas.

O 11 *Ahau Katún*,
primeiro que se conta,
é o *katún* inicial.
Ichcaansihó, face do nascimento do céu,
foi o assento do *katún*
em que chegaram os estrangeiros de barbas ruivas,
os filhos do sol,
os homens de cor clara.
Ai! Entristeçamo-nos porque chegaram!
Do oriente vieram,
quando chegaram a esta terra os barbudos,
os mensageiros do sinal da divindade,
os estrangeiros da terra,
os homens ruivos...
Começo da Flor de Maio.
Ai de Itzá, bruxo da água,
pois vêm os covardes brancos do céu,
os brancos filhos do céu!
O bastão do branco descerá,
virá do céu,
por todas as partes virá,
ao amanhecer vereis o sinal que o anuncia.
Ai! Entristeçamo-nos porque vieram,
porque chegaram os grandes amontoadores de pedras,
os grandes amontoadores de vigas para construir,
os falsos *ibteeles*, "raízes" da terra
que estouram fogo pelo extremo de seus braços,
os embuçados em suas capas,
os de arreatas para enforcar os senhores!
Triste estará a palavra de Hunab Ku,
Divindade única, para nós,
quando se estender por toda a terra
a palavra do Deus dos céus.

Ai! Entristeçamo-nos porque chegaram!
Ai de Itzá, bruxo da água,
pois vossos deuses já não protegerão mais!
Este Deus verdadeiro que vem do céu
só de pecado falará,
só de pecado será seu ensinamento.
Inumanos serão seus soldados,
cruéis seus cães bravos.
Qual será o Ah Kin,
Sacerdote do culto solar,
e o Bobat, profeta,
que compreenda o que há de acontecer
aos povos de Mayapan,
Estandarte-veado, e Chichen Itzá,
Bordas dos poços do bruxo da água?
Ai de vós,
meus irmãos menores,
que no 7 *Ahau Katún*
tereis excesso de dor
e excesso de miséria,
pelo tributo reunido
com violência,
e antes de tudo entregue com rapidez!
Diferente tributo amanhã
e finda a manhã dareis;
isto é o que vem, filhos meus.
Preparai-vos para suportar a carga da miséria
que vem sobre vossos povos
porque este *katún* que se assenta
é *katún* de miséria,
katún de contendas com o mal,
contendas no 11 *Ahau*[1].

---

1. Tradução de Alfredo Barrera Vásquez (cf. VÁSQUEZ, 1963, p. 68-69).

A palavra de Chilam Balam, sacerdote de Maní

Quando acabar a raiz de 13 *Ahau Katún*,
acontecerá que verá o Itzá,
acontecerá que Tancah verá ali
o sinal do Senhor, Deus único.
Chegará. Ensinar-se-á o madeiro assentado sobre
os povos,
para que brilhe sobre a terra.
Senhor: acabou o consolo,
acabou a inveja,
porque neste dia chegou o portador do sinal.
Ó Senhor, sua palavra virá abater-se sobre os povos
da terra!
Pelo norte, pelo oriente chegará o amo,
ó poderoso Itzamná!
Já vem teu amo a teu povo. Oh Itzá!
Já vem iluminar teu povo.
Recebe teus hóspedes, os barbudos,
os portadores do sinal de Deus.
Senhor, boa é a palavra do Deus que vem a nós,
o que vem a teu povo com palavras do dia da
ressurreição.
Por ele não haverá temor sobre a terra.
Senhor, tu, único Deus, o que nos criou,
é bom o sinal da palavra divina?
Senhor: o madeiro antigo é substituído pelo novo[2]...

Uma profecia de Chilam Balam de Chumayel

Este é o rosto de *katún*,
o rosto de *katún* do 13 *Ahau*:
quebrar-se-á o rosto do sol,
cairá rompendo-se sobre os deuses de agora.
Cinco dias será mordido o Sol e será visto.
Esta é a representação do 13 *Ahau*.

---

2. Tradução do maia por Demetrio Sodi M. de "Chilam Balam de Mani", segunda parte, cap. VII, em *Códice Pérez* (1949, p. 148-149).

Sinal que Deus dá:
ocorrerá que há de morrer o rei desta terra.
Assim também virão os antigos reis
lutar uns contra os outros,
quando entrarão os cristãos nesta terra.

Assim dará sinal Deus Nosso Pai de que virão,
porque não há concórdia,
porque passou muita miséria
aos filhos dos filhos.

Cristianizaram-nos,
mas nos fazem passar de um dono a outro como
animais.
E Deus está ofendido com os "Chupadores".

Mil e quinhentos e trinta e nove anos,
assim: 1539 anos.

No Oriente está a porta
da casa de Dom Juan (Francisco) Montejo,
o que introduziu o cristianismo
nesta terra de Yucalpetén,
Yucatán.
Chilam Balam, profeta[3].

Profecia de Chilam Balam, que era cantor na antiga Maní

Boa é a palavra de ânimo, Pai.
Entra em seu reino,
entra em nossas almas o verdadeiro Deus;
mas abrem ali seus laços.
Pai, os grandes cachorros tragam os irmãos,
escravos da terra.

---

3. *Chilam Balam de Chumayel*, tradução de Mediz Bolio (MEDIZ BOLIO, 1930, p. 66).

Murcha está a vida
e morto o coração de suas flores,
e os que introduzem sua vasilha até o fundo,
os que o estiram até rompê-lo,
danificam e sorvem as flores dos outros.
Falsos são seus reis,
tiranos em seus tronos,
avarentos de suas flores.
De gente nova é sua língua,
novos seus assentos, suas vasilhas, seus chapéus.
Golpeadores de dia,
afrontadores de noite,
magoadores do mundo!
Torcida está sua garganta,
entreabertos seus olhos;
frouxa é a boca do rei de sua terra,
Pai, o que agora já se faz sentir.
Não há verdade nas palavras dos estrangeiros.
Os filhos das grandes casas desertas,
os filhos dos grandes homens
das casas despovoadas,
dirão que é certo
que eles vieram aqui, Pai.

Que profeta, que sacerdote,
interpretará retamente
as palavras destas escrituras[4]?

Outra profecia do Livro das Linhagens (Chilam Balam de Chumayel)

O 11 *Ahau Katún* se assenta em sua esteira, se assenta em seu trono. Ali se levanta sua voz, ali se ergue seu senhorio. O rosto de seu deus lança raios.

---

4. MEDIZ BOLIO (1930, p. 119-120).

Descem folhas do céu, descem do céu arcos floridos. Celestial é seu perfume. Soam as músicas, soam as soalhas do 11 *Ahau*. Entra o entardecer e cobre alegremente com seu manto o sol, o sol que há em Sulim chan, o sol que há em Chikinpuntún. Comer-se-ão árvores, comer-se-ão pedras, perder-se-á todo sustento dentro do 11 *Ahau Katún*.

No 11 *Ahau* se começa o cômputo porque se estava neste *katún* quando chegaram os *dzules*, os estrangeiros, os que vinham do Oriente quando chegaram. O cristianismo, então, também começou. Pelo Oriente completa seu curso. Ichcansihó é o assento do *katún*...

Somente pelo tempo louco, pelos loucos sacerdotes, foi que entre nós se introduziu a tristeza, que entre nós se introduziu o cristianismo. Porque muitos cristãos aqui chegaram com o verdadeiro Deus: mas esse foi o princípio da nossa miséria, o princípio do tributo, o princípio da esmola, a causa da qual saiu a discórdia oculta, o princípio das lutas com arma de fogo, o princípio dos atropelos, o princípio dos despojos de tudo, o princípio da escravidão pelas dívidas, o princípio das dívidas castigadas às costas, o princípio da contínua rixa, o princípio do padecimento. Foi o princípio da obra dos espanhóis e dos padres, o princípio de se utilizar os caciques, os mestres de escola e os fiscais.

Por serem crianças pequenas, os moços dos povoados eram martirizados! Infelizes, pobrezinhos! Os pobrezinhos não protestavam contra aquele que, ao seu bel-

-prazer, os escravizava, o Anticristo sobre a terra, tigre dos povos, gato selvagem dos povos, sugador do pobre indígena. Mas virá o dia em que as lágrimas de seus olhos chegarão até Deus e baixará a justiça de Deus de um golpe sobre o mundo.

Verdadeiramente é a vontade de Deus que voltem Ah-Kantenal e Ix-Pucyolá para sumir com eles da face da terra[5]!

2 Os espanhóis em Calkiní

Os canules de Campeche também registraram na Crônica de Calkiní *sua própria visão da conquista. Inclui-se aqui apenas uma passagem em que os indígenas narram algo do que tiveram que passar.*

Estes viviam aqui quando chegaram os espanhóis. Sofreram trabalhos aqui em Calkiní. Arquejantes e sem cessar, carregavam fardos sem pagamento algum, dia após dia. Em duas partes dividiam o caminho, com sua carga: tanto por Pochoc como por Chulilhá, até os pátios de Na Puc Canul, que tinha por nome paal Ah Cen Canul.

Era escravo na Cabal Batún nos pátios de Ah Kul Canché. Saíam daqui de Calkiní, da casa de Ah Kin Canul, e chegavam a Pochoc. Combatidos saíram. Por Palcab vinham com seus perseguidores atrás deles; o Ah Kin

---

5. MEDIZ BOLIO (1930, p. 29-30).

Canul e seus escravos carregadores e sua gente em grande número escaparam.

Seus filhos eram Ah Tok, o maior, Ah Ch'im Canul e seu irmão menor. Os escravos de seu pai eram cinco e sua gente eram cinco também. Na casa de Ah Kul Canché todos desfaleceram devido às suas cargas.

"Fatigados estais, senhores." "Não é pouco o que temos padecido. Desde que saímos, sofremos por não dormir. Deixou de passar gente pelo caminho porque os impedem aqueles homens. Por Palcab nos interceptaram. Ide ao amanhecer pelo bosque."

Por aquela *manigua*[6] foram correndo com medo de serem presos. Levavam grandes cargas para os espanhóis. Carregou-se tudo. Os grandes cachorros tinham os pescoços presos a correntes. "Envolve, para carregar, o cachorro, com tua roupa, ó homem!", lhes ordenavam. Penduraram-se os porcos a paus. "Dependura ao pau o porco com tuas roupas, ó homem!"

As mulheres também foram carregadas. "Que te carreguem, mulher, com tuas roupas." Ficaram sem anáguas, assim foram carregadas. Nem uma, nem duas vezes aconteceu o que aqui se relata; muitas vezes, inumeráveis, aconteceu isso a nossos pais aqui nos caminhos de Calkiní.

Isso não aconteceu aos de Pochoc que estavam entre os pakmuchenses e os tenabenses. Isso aconteceu a todos nós que descemos pelo caminho de Ho' (Mérida): aconte-

---

6. *Manigua*: terreno coberto de ervas nocivas.

ceu aos chulenses e aos de Chicán e aos de Maxcanú e aos povos das savanas e aos de Dzibilkal.

O *batab*[7] destes era Na Couoh Canul. Esse era seu nome de nascimento. Na Mo Uc era seu Kul. Mesmo assim, os *batabes* acima enumerados se espalharam pelos povoados. Os que citamos chegaram todos juntos aqui em Calkiní. Copa Cab Canul com seus súditos, e com seu Kul Na Chan Coyí, daqui saiu, estando presente Ah Tzab Canul, e foi exercer o *batabilado* em Bacabch'én.

Era *batab* em Bacabch'én quando chegaram os espanhóis a Champotón e se reuniram os *batabes* e foi enviado pelos *batabes* a Champotón[8].

3 A crônica de Chac Xulub Chen

Certamente menos dramática que os textos extraídos dos livros de Chilam Balam é a crônica escrita por Ah Nakuk Pech, senhor de Chac Xulub Chen, que narra alguns dos fatos principais da conquista. As páginas que aqui são transcritas, seguindo a tradução de Héctor Pérez Martinez, relatam alguns dos principais acontecimentos a partir do primeiro aparecimento dos dzules *em 1511: eram alguns náufragos, entre os quais se encontrava o célebre Jerónimo de Aguilar.*

---

7. *Batab*: título hierárquico entre os Maias, espécie de "príncipe" feudal de um governante mais poderoso.
8. *Códice de Calkiní*. Tradução de Alfredo Barrera Vásquez. Campeche: Biblioteca Campechana, n. 4, p. 49-57, 1957.

Neste tempo não havia sido visto nenhum dos senhores estrangeiros, até que foi aprisionado Jerónimo de Aguilar pelos de Cozumel. E esta, a saber, foi a causa de que foram conhecidos na comarca, porque acabaram por caminhar todos pela terra; mas nem todos pisaram a terra da região. Então eu contei ao príncipe que havia vindo, enquanto o Príncipe Ah Macán Pech, Dom Pedro Pech, e seus súditos, os de antiga linhagem, e seus *nacones*[9] e todos os que o seguiam, foram atrás para saudar o príncipe a fim de que conhecesse os rostos de seus servidores.

E, então, 50 chefes foram até onde está o príncipe e rei, o que reina, e lhe serviram à mesa, lá longe, na Espanha, e estes são os que ficaram servindo ao rei, ao que reina.

Então ordenou o príncipe que todos pagassem os tributos, filhos, meus filhos, até nós os de Ah Pech, os da antiga linhagem desta terra, e os da antiga linhagem dos cupules. E deu sua suprema ordem para que se organizasse ó cômputo das coisas e dos homens maias diante do príncipe, e vieram, dividiram e se assentaram na terra.

Deste modo, nossa terra foi descoberta, a saber, por Jerónimo de Aguilar, que teve por sogro Ah Naum Ah Pot, em Cozumel, em 1517.

Neste ano deixou-se de contar o *katún*; a saber, deixou-se de pôr em pé a pedra pública – uma para cada 20 anos que vinham; punha-se em pé a pedra pública antes que chegassem os senhores estrangeiros, os espanhóis,

---

9. *Nacón* (*Nacom*): dignidade sacerdotal.

aqui, na comarca. Desde que vieram os espanhóis, nunca mais se fez isso.

Em 1519 foi o primeiro ano em que vieram os espanhóis aqui, em Cozumel. Na terceira vez vieram Fernando Cortés e Espoblaco Lara. E foi a 28 de fevereiro que vieram pela primeira vez os que sabem proferir bem a palavra.

Neste ano foi que vieram a Chichén os comedores de anonas. Então, o primeiro lugar que os grandes espanhóis, Dom Francisco de Montejo, o Adiantado, e os altos chefes conheceram foi Chichén Itzá, onde se estabeleceram.

Em 1521, no dia 13 de agosto, os espanhóis se apossaram da terra do México, depois que, pela terceira vez, os homens de todos os povoados lhe fizeram guerra aqui, na cidade dos cupules; foi quando interrogaram Ah Ceh Pech acerca da matança de Zalibná, e seu companheiro o príncipe Cenpot, de Tixkochoh, na cidade de Tecantó, o lugar de Kin Ich Kakmó, Itzmal, a cidade que era a mesma que Toltún Aké.

Neste ano, a saber, pela segunda vez chegaram os espanhóis a Chichén Itzá, quando pela segunda vez se instalaram em Chichén Itzá: quando veio o capitão Dom Francisco de Montejo, o que é justo e severo; foi quando veio o *nacón* Cupul. Vinte anos após terem chegado a Chichén Itzá, vieram à cidade, quando foram chamados de comedores de anonas, chupadores de anonas.

1542 foi o ano em que se instalaram os espanhóis na terra de Ichcanzihoo (lugar cujo) Chuncán era igual a Kin

Ich Kakmó, sacerdote, e o Príncipe Tutul Xiú, príncipe da cidade de Maní, encolheu a cabeça e se assentaram os de nova linhagem.

Foi então que chegou e entrou pela primeira vez o tributo, quando eles, a saber, pela terceira vez vieram a esta terra e para sempre se assentaram: isto é, se instalaram. Então, na primeira vez, quando vieram a Chichén Itzá, foi quando pela primeira vez comeram anonas, e como não eram comidas estas anonas, quando os espanhóis as comeram foram chamados de comedores de anonas.

Na segunda vez que vieram a Chichén Itzá foi quando despojaram o *nacón* Cupul. Na terceira vez que vieram foi quando se assentaram para sempre, e a saber, foi em 1542; ano que para sempre se instalaram aqui, na terra de Ichcanzihoo, sendo 13 *Kan* o porta-ano, segundo o cômputo maia.

1543 foi o ano em que os espanhóis foram ao norte, até a terra dos cheeles, em busca de maias para servos, pois não havia servos, homens escravos em T-Hó (Mérida).

Eles vieram e tomaram homens para escravos num instante. Quando chegaram a Popoce, aos que fugiram de T-Hó impuseram pesados tributos quando chegaram a Popoce. E então foram e vieram a Tikom durante muitos dias; e depois que chegaram a Tikom, aos 20 dias, foi quando, a saber, foram embora os espanhóis.

Foi em 1544, a saber, o ano em que se entregou Cauacá ao senhor estrangeiro, ao Capitão Asiesa. Em Cauacá foram aprisionados os senhores e como tributo eles deram mel, perus selvagens e milho.

Estavam em Cauacá, depois, quando encerraram na prisão o letrado Caamal, de Sisal, e pediram o censo de todos os povoados. Mantiveram-no preso durante um ano e ele seguiu o caminho dos espanhóis quando se dirigiram para a terra de Zací.

Esse letrado Caamal, a saber, foi feito príncipe de Sisal, em Zací, e o chamaram Dom Juan Caamal de la Cruz porque falava muito corretamente. Foi o primeiro que adorou a cruz, em Cauacá, e tinha muitas palavras para os senhores estrangeiros. E, a saber, depois que teve o principado de Sisal, permaneceu muitos dias em seu cacicado quando morreu. Ele também seguiu o caminho dos espanhóis quando fizeram guerra aos cochuahes. Os senhores estrangeiros estiveram, a saber, um ano instalados em Cauacá e partiram e vieram a Zací para sempre e encerraram os homens na prisão para que o Príncipe Caamal visse.

A saber, em 1545 se instalaram os senhores estrangeiros em Zací e também neste ano começou o cristianismo (pregado) pelos padres da Ordem de São Francisco, na porta do mar de Champotón. Ali foi onde pela primeira vez chegaram os padres que empunhavam em suas mãos nosso redentor Jesus Cristo; e assim o mostravam aos homens escravizados quando pela primeira vez vieram à porta do mar de Champotón, a saber, ao poente desta província chamada Ichcanzihoo.

E, a saber, os nomes desses padres que começaram o cristianismo aqui, nesta terra, na comarca de Yucatán, foram, a saber: Frei Juan de la Puerta, Frei Luis de Villalpando, Frei Diego de Becal, Frei Juan de Guerrero e Frei Melchor de Benavente. Eles foram os que começaram o cristianismo aqui, ao poente da região, quando ainda não tinha vindo o cristianismo aqui, aos cupules. Estávamos atrasados para com o cristianismo, como se disse, e foi quando começou em nós, aqui, nos cupules[10]...

4 Hernán Cortés entre os chontales (1527)

Como anteriormente dissemos, os chontales da região de Acalan, às margens do Golfo do México, também pertencentes à família maia, deixaram um interessante documento, no qual se fala da passagem de Hernán Cortés em sua expedição a Hibueras. Seguindo o texto de uma antiga versão, preparada em princípios do século XVII, oferecemos aqui a passagem mais interessante desta crônica: a que diz respeito à morte de Cuauhtémoc, que instigou os senhores chontales a fazer frente aos homens de Castela.

Vieram os espanhóis a esta terra no ano de 1527. O capitão se chamava Dom Martín Cortés. Entraram por Tanocic e passaram pelo povoado de Taxich e saíram no começo da terra de Zacchute e obtiveram provisões

---

10. Fragmento extraído de *Crónica de Chac-Xulub-Chen*, por Ah Nakuk Pech (1950, p. 189-193).

no povoado de Taxahhaa. E estando ali com toda a sua gente, mandou chamar Paxbolonacha, rei, o qual, como dissemos, chamou todos os seus chefes de todos os seus povoados, do povoado de Taxunum e os chefes do povoado de Chabte, o de Atapan e de Tatzanto, porque não se podia fazer coisa alguma sem comunicar aos chefes. Comunicou o caso que se havia de tratar... os quais disseram que não convinha ao rei atender ao chamado dos espanhóis porque não sabiam o que aqueles queriam.

Então se levantou e disse um dos principais, chamado Chocpaloquem: "Rei e senhor, fica tu em teu reino e cidade, que eu quero ir ver o que querem os espanhóis". E assim foi com os demais chefes que se chamavam Pazinchiquigua, Paxguaapuc e Paxchagchan, companheiros de Paloquem, em nome do rei. E, chegados diante do capitão do vale, espanhol, e dos espanhóis, estes não creram neles, porque devia haver entre eles quem lhes dissesse que não vinha ali o rei a quem chamavam. E assim lhes disse o capitão: "Venha o rei, que o quero ver; não venho fazer guerra nem lhe fazer mal, quero apenas ver a terra, quanta há que ver, que eu lhe farei muito bem se ele me receber bem".

E tendo entendido os que vieram em nome do rei, voltaram e disseram a Paxbolonacha, seu rei, que estava na cidade aguardando; quando chegaram, reuniram-se todos os chefes e lhes disse (o rei): "Quero ir me encontrar com o capitão e os espanhóis, pois quero ver e saber o que querem e a que vieram". E assim foi Paxbolonacha.

Quando os espanhóis souberam disso, saíram para recebê-lo, e o capitão do vale com eles. E lhe levaram muitos presentes de mel, galinhas da terra, milho, incenso e muita fruta. E disse o capitão: "Rei Paxbolon, aqui eu vim a tuas terras, porque sou enviado pelo senhor do mundo, imperador, que está em seu trono em Castela, que me envia para ver a terra e de que gente está povoada; não venho fazer guerras, mas somente te peço que me deixes passar rumo a Ulúa, que é México, e a terra onde se recolhe a prata, as plumagens e o cacau, que isso é que quero ver". E assim lhe respondeu que com muito prazer lhe daria passagem, e que se fosse com ele, à sua cidade e terra, e que ali tratariam do que mais convinha. E o capitão respondeu-lhe que ficasse sossegado, que assim faria. E estiveram 20 dias descansando.

E estava ali Quatémuc, rei da Nova Espanha, que vinha com o capitão do México; ele falou ao Rei Paxbolonacha: "Senhor rei, virá o tempo que estes espanhóis nos darão muito trabalho e nos farão muito mal e matarão nossos povos. Eu sou da opinião que os matemos, pois eu trago muita gente e vós sois muitos". E isto disse Quatemuco a Paxbolonacha, rei dos indígenas de Magtunes Chontales. Ouvido por ele este argumento, lhe respondeu: "Eu o observarei. Deixai-o agora, que cuidaremos dele". E, pensando sobre o caso, viu que os espanhóis não faziam maus-tratos, nem haviam matado nem espancado nenhum indígena, e que não pediam senão mel, galinhas, milho e frutas a cada dia; e considerando, pois, que os espanhóis não faziam mal aos indígenas, não podia ter dois rostos para com eles nem mostrar dois corações aos espanhóis. E Quatémuc estava sempre lhe importunando porque queria matar todos os espanhóis; tanto importunou que Paxbolonacha foi ao capitão do vale e disse: "Senhor capitão do vale, este chefe e capitão dos mexicanos que trazes, toma cuidado com ele para que não o traia, porque três ou quatro vezes me pediu que vos matemos". O capitão do vale, tendo ouvido isto, prendeu Quatémuc e o encerrou na prisão; depois de três dias que estava preso, o pegaram e o batizaram, e não se sabe se lhe deram o nome de Dom Juan ou Dom Fernando; estando já batizado, lhe cortaram a cabeça, que foi fincada num poste diante da casa dos deuses que havia no povoado de Yaxzam[11]...

5 A conquista dos quichés

Um dos principais testemunhos quichés sobre a conquista se encontra no documento conhecido como Títulos de la Casa Ixquin Nehaib, Señora del Territorio de Otzoyá, *redigido ao que parece em meados do século XVI. Deste testemunho, transcrevemos a parte que narra a dramática luta corpo a corpo entre o Príncipe Tecum Umán e Pedro de Alvarado, o Tonatiuh.*

---

11. Publicado por Scholes e Roys (1948, p. 271-272).

Depois, no ano de 1524, veio o Adiantado Dom Pedro de Alvarado, depois que já havia conquistado o México e todas aquelas terras. Chegou ao povoado de Xetulul Hunbatz e conquistou todas as terras, chegou ao povoado de Xetulul, onde esteve o dito Dom Pedro de Alvarado Tunadiú[12], três meses conquistando toda essa costa.

Depois, ao fim deste tempo, de Xetulul enviaram um mensageiro a este povoado de Lahunqueh, comunicando que os espanhóis já vinham para cá conquistando. E logo o cacique que estava neste povoado de Lahunqueh, chamado Galel Atzih Vinac Tierán, enviou outro mensageiro aos de Chi Gumarcaah avisando-lhes também que já vinham os espanhóis conquistá-los e que se prevenissem e estivessem armados. Também enviou mensageiro a outro cacique do povoado de Sakpoliah, chamado Galel Rokché Zaknoy Isuy. Outro mensageiro também enviou aos caciques de Chi Gumarcaah; chamava-se este mensageiro Ucalechih, o qual foi com a notícia ao rei.

Depois o rei de Chi Gumarcaah enviou um grande capitão chamado Tecún-Tecum, neto de Quicab, cacique... E este capitão trazia muita gente de muitos povoados, ao todo dez mil indígenas, todos com seus arcos e flechas, fundas, lanças e outras armas com que vinham armados. E o Capitão Tecum, antes de sair de seu povoado e diante dos caciques, mostrou seu valor e coragem e em seguida

---

12. *Tunadiú*: corruptela do *náhuatl Tonatiuh*, "o sol", apelido que desde o princípio deram os Astecas a Pedro de Alvarado.

se pôs asas com que voava e pelos dois braços e pernas estava cheio de plumagens e trazia uma coroa; no peito trazia uma esmeralda muito grande, que parecia espelho, e trazia outra na frente e outra nas costas. Estava muito elegante. Este capitão voava como águia, era grande chefe e grande feiticeiro.

Veio o Adiantado Tunadiú dormir num lugar chamado Palahunoh. E antes que o Adiantado viesse, 13 chefes foram com mais cinco mil indígenas até um lugar chamado Chuabah. Ali fizeram um grande cerco de pedras para que não entrassem os espanhóis, e também fizeram muitos fossos e valas grandes, fechando a passagem e atalhando o caminho por onde haveriam de passar os espanhóis; estes estiveram três meses em Palahunoh, pois não podiam chegar até os indígenas, que eram muitos.

E depois foi um do povo de Ah Xepach, indígena capitão feito águia, com três mil indígenas, lutar com os espanhóis. Os indígenas foram à meia-noite e o capitão feito águia dos indígenas chegou a querer matar o Adiantado Tunadiú; só não pôde matá-lo porque era defendido por uma menina muito branca; eles muito queriam entrar, mas, assim que viam esta menina, logo caíam por terra e não conseguiam se levantar do chão; e depois vinham muitos pássaros sem pés, e estes pássaros cercavam esta menina.

E os indígenas queriam matar a menina, mas estes pássaros sem pés a defendiam e lhes tiravam a visão.

Estes indígenas que não puderam matar o Tunadiú nem a menina voltaram e enviaram outro indígena capitão feito raio, chamado Ixquín Ahpalotz Utzakibalhá, chamado Nehaib; e este Nehaib, feito raio, foi até onde estavam os espanhóis a fim de matar o Adiantado. Assim que chegou, viu uma pomba muito branca por sobre todos os espanhóis, a qual os defendia e voltou a defendê-los; e se apagou sua vista, caiu por terra e não podia levantar-se. Outras três vezes este capitão investiu feito raio contra os espanhóis e (outras) tantas vezes ficava cego dos olhos e caía por terra. E como este capitão via que não conseguia penetrar entre os espanhóis, voltou; e avisaram aos caciques de Chi Gumarcaah dizendo-lhes como tinham ido estes dois capitães tentar matar o Tunadiuh e que (os espanhóis) tinham a menina com os pássaros sem pés e a pomba, os quais os defendiam.

E depois veio o Adiantado Dom Pedro de Alvarado, com todos os seus soldados, e entraram em Chuaraal. Traziam 200 indígenas tlaxcaltecas e taparam os fossos e valas que os indígenas de Chuaraal haviam feito, e aí os puseram, quando os espanhóis mataram a todos os indígenas de Chuaraal, em número de três mil; os espanhóis traziam amarrados 200 indígenas de Xetulul e os de Charaal que não haviam matado foram amarrados e torturados para que dissessem a eles (aos espanhóis) onde tinham o ouro.

E vendo-se torturados, os indígenas disseram aos espanhóis que não os torturassem mais; que ali havia muito ouro, prata, diamantes e esmeraldas que tinham os capitães Nehaib Ixquín, Nehaib feitos águia e leão. E logo deram (os tesouros) aos espanhóis, os quais ficaram com eles; e este capitão Nehaib convidou todos os soldados espanhóis para comer; e lhes deram de comer pássaros e ovos da terra.

E logo no outro dia um grande capitão chamado Tecum mandou chamar os espanhóis, dizendo-lhes que estava muito sentido porque lhe haviam matado cerca de três mil de seus valentes soldados. E assim que os espanhóis tiveram esta notícia, se levantaram e viram o que trazia o indígena capitão Ixquín Nehaib consigo e começaram a lutar os espanhóis com o Capitão Tecum. E o Adiantado disse a este Capitão Tecum que desejava entregar-se pela paz e pelo bem. E o Capitão Tecum lhe respondeu que não queria isso, mas que queria sim a valentia dos espanhóis.

Depois os espanhóis começaram a lutar contra dez mil indígenas que este Capitão Tecum trazia consigo. Apenas desviavam-se uns dos outros, separavam-se meia légua e logo vinham se encontrar. Lutaram durante três horas e os espanhóis mataram muitos indígenas. Não houve número dos que mataram, não morreu nenhum espanhol, somente os indígenas que o Capitão Tecum trazia, e corria muito sangue de todos os indígenas que os espanhóis mataram; isto aconteceu em Pachah.

Depois o Capitão Tecum levantou voo, vindo feito águia, cheio de plumas que nasciam de si mesmo, e que não eram postiças. Trazia asas que nasciam de seu corpo e trazia três coroas, uma de ouro, outra de pérolas e outra de diamantes e esmeraldas. O Capitão Tecum vinha com a intenção de matar o Tunadiú, que estava a cavalo, e deu ao cavalo o que pretendia dar ao Adiantado: cortou a cabeça do cavalo com uma lança. Não era lança de ferro, mas de espelhos, feita magicamente por este capitão.

E como viu que não tinha matado o Adiantado, mas o cavalo, tornou a levantar voo para do alto vir matar o Adiantado. Então o Adiantado o esperou com sua lança, que atravessou ao meio este Capitão Tecum.

Depois vieram dois cães, não tinham nenhum pelo, eram pelados, agarraram estes cães o dito indígena para fazê-lo em pedaços. E como o Adiantado viu que este indígena era muito elegante, e que trazia três coroas de ouro, prata, diamantes e esmeraldas, o defendeu dos cães e o contemplou demoradamente. Estava cheio de *quetzales* e plumas muito lindas; e por isto ficou o nome deste lugar de Quetzaltenango, porque aqui foi que aconteceu a morte deste Capitão Tecum.

Depois o Adiantado chamou a todos os seus soldados para que viessem ver a beleza do *quetzal* indígena. Depois disse o Adiantado a seus soldados que não havia visto ainda um outro indígena tão elegante, tão influente e tão cheio de plumas de *quetzales* e tão lindas; não havia visto nem no México, nem em Tlaxcala, nem em nenhuma parte dos povos que havia conquistado. E por isso determinou o Adiantado que se desse a esse povoado o nome de Quetzaltenango. E logo se chamou de Quetzaltenango a este lugar.

E como os demais indígenas viram que os espanhóis haviam matado o seu capitão, puseram-se em fuga. E logo o Adiantado Dom Pedro de Alvarado, vendo que os soldados deste Capitão Tecum fugiam, determinou que estes também deviam morrer. E logo foram seus soldados espanhóis atrás dos indígenas e os alcançaram e a todos mataram sem que sobrasse algum.

Eram tantos os indígenas que mataram, que se formou um rio de sangue, que vem a ser o Olintepeque. Por isso ganhou o nome de Quiquel, porque toda a água estava cheia de sangue e também o dia se tornou vermelho devido à enorme quantidade de sangue que houve naquele dia.

Depois, assim que terminaram a batalha com os indígenas, os espanhóis voltaram a este povoado de Quetzaltenango para descansar e comer. Depois de os espanhóis terem descansado, um dos chefes de Quetzaltenango foi ver o Adiantado. Chamava-se o cacique Dom Francisco Calel Atzin Uinac Tierán, e outro Dom Noxorio Cortés Galel Atzih Oinac Rokché, e o outro cacique chamado Dom Francisco Izquín, e outro cacique Dom Juan Izquín, e outro chefe Dom Andrés Galel Ahau e outro cacique Dom Diego Pérez. Esses seis caciques principais já estavam batizados, porque o Adiantado Dom Pedro tinha mandado batizá-los, e deu nome a cada um desses chefes.

Esses seis caciques foram os primeiros batizados, pois eram os cabeças do povoado de Quetzaltenango. Em agradecimento ao bem que lhes havia feito o Adiantado, esses seis caciques levaram de presente para ele ouro, pérolas, esmeraldas e diamantes. O Adiantado ficou-lhes muito agradecido e deu a cada um o título de dom e lhes disse que eles eram os chefes deste povoado; e logo lhes pôs sapatos a cada um desses seis chefes e os vestiu segundo o costume espanhol; e logo lhes disse que enviaria aquele ouro que lhe haviam presenteado a Dom Carlos V, imperador de Castela[13]...

6 A versão cakchiquel da conquista

O grupo cakchiquel, que a princípio recebeu pacificamente os conquistadores, acabou rebelando-se contra eles, cansados já das humilhações. Após a conquista, os cakchiqueles colocaram por escrito seus mitos e histórias e incluíram, numa espécie de segunda parte, a história da chegada dos homens de Castela. Segundo a tradução de Adrián Recinos, damos a seguir o testemunho cakchiquel desde a chegada de Alvarado, Tonatiuh, até o ocorrido em meados de 1541.

Durante este ano chegaram os castelhanos. Faz 49 anos que chegaram os castelhanos a Xepit e Xetulul.

---

13. Títulos da Casa Ixquin-Nehaib, Senhora do Território de Otzoyá, em *Crónicas indígenas de Guatemala* (1957, p. 85-92).

No dia 1 Ganel (20 de fevereiro de 1524) foram destruídos os quichés pelos castelhanos. Seu chefe, o chamado Tunatiuh Avilantaro, conquistou todos os povos. Até então não eram conhecidos seus rostos. Até há pouco tempo se prestava culto à madeira e à pedra.

Derrota dos quichés

Tendo chegado a Xelahub, derrotaram ali os quichés; foram exterminados todos os quichés que haviam ido ao encontro dos castelhanos. Então foram destruídos os quichés diante de Xelahub.

Depois partiram (os espanhóis) para a cidade de Gumarcaah, onde foram recebidos pelos reis, o Ahpop e o Ahpop Qamahay, e os quichés lhes pagaram o tributo. Prontamente os reis foram submetidos à tortura por Tunatiuh.

No dia 4 Qat (7 de março de 1524), os reis Ahpop e Ahpop Qamahay foram queimados por Tunatiuh. Durante a guerra, o coração de Tunatiuh não tinha compaixão pelas pessoas.

Em seguida, chegou um mensageiro de Tunatihu ante os reis (cakchiqueles) para que lhe enviassem soldados: "Que venham os guerreiros de Ahpozotzil e de Ahpoxahil para matar os quichés", disse o mensageiro aos reis. Imediatamente a ordem de Tunatiuh foi obedecida e dois mil soldados marcharam para a matança dos quichés. Apenas os homens da cidade partiram; os demais guerreiros não se apresentaram diante dos reis. Somente três vezes foram os soldados recolher o tributo dos quichés. Nós também fomos recebê-lo para Tunatiuh, ó filhos meus!

Chegada de Tunatiuh à capital dos cakchiqueles

No dia 1 Hunahpú (12 de abril de 1524) chegaram os castelhanos à cidade de Yximchée; seu chefe se chamava Tunatiuh. Os reis Belehé Qat e Cahí Ymox saíram ao encontro de Tunatiuh. O coração de Tunatiuh tinha boa disposição para com os reis quando chegou à cidade. Não havia tido luta e Tunatiuh estava contente quando chegou a Yximchée. Desta maneira chegaram antigamente os espanhóis, ó filhos meus! Na verdade, infundiam medo quando chegaram. Seus rostos eram estranhos. Os senhores os tomaram por deuses. Nós mesmos, vosso pai, fomos vê-los quando entraram em Yximchée.

Tunatiuh dormiu na casa de Tzupam. No dia seguinte apareceu o chefe, causando terror aos guerreiros, e se dirigiu à residência onde se encontravam os reis. "Por que fazeis guerra a mim quando eu posso fazer a vós?", disse. E os reis responderam: "Não existe tal coisa, pois assim morreriam muitos homens. Podes ver ali nos barrancos como estão seus despojos". E em seguida entrou na casa do senhor Chicbal.

Depois Tunatiuh perguntou aos reis que inimigos que tinham. Os reis responderam: "Dois são os nossos inimigos, ó deus!, os zutujiles e (os de) Panatacat". Assim lhes disseram os reis. Cinco dias depois, Tunatiuh saiu da cidade.

Conquista dos zutujiles e de Cuzcatán

Os zutujiles foram conquistados em seguida pelos castelhanos. No dia 7 Camey (18 de abril de 1524) foram destruídos os zutujiles por Tunatiuh.

Vinte e cinco dias depois de ter chegado à cidade (Yximchée), Tunatiuh partiu para Cuzcatán, destruindo, na passagem, Atacat. No dia 2 Queh (9 de maio) os castelhanos mataram os de Atacat. Todos os guerreiros e seus mexicanos foram com Tunatiuh para a conquista.

No dia 10 Hunahpú (21 de julho de 1524) chegou (em Yximchée) de volta de Cuzcatán; fazia dois meses que tinha saído para Cuzacatán quando chegou à cidade. Tunatiuh então pediu uma das filhas do rei e os senhores lha deram a Tunatiuh.

A cobiça do ouro

Depois Tunatiuh pediu dinheiro aos reis. Queria que lhe dessem montões de metal, suas vasilhas e coroas. E como não foi atendido imediatamente, Tunatiuh se encolerizou com os reis e lhes disse: "Por que não me haveis trazido o metal? Se não trouxerdes todo o dinheiro das tribos, vos queimarei e vos enforcarei", disse aos senhores.

Em seguida, Tunatiuh determinou que eles pagassem 1.200 pesos de ouro. Os reis tentaram obter um desconto e começaram a chorar, mas Tunatiuh não concordou e lhes disse: "Consegui o metal e o trazei dentro de cinco dias! Ai de vós se não o trouxerdes! Eu conheço meu coração!" Assim disse aos senhores.

Haviam entregado já a metade do dinheiro a Tunatiuh quando se apresentou um homem, agente do "demônio", que disse aos reis: "Eu sou o raio. Eu matarei os castelhanos; pelo fogo perecerão. Quando eu tocar o tambor, saiam (todos) da cidade, vão os senhores ao outro lado do rio. Isto farei no dia 7 Ahmak (26 de agosto de 1524)". Assim falou aquele "demônio" aos senhores. E, de fato, os senhores creram que deviam acatar as ordens daquele homem. Já tinha sido entregue metade do dinheiro quando fugimos.

Os cakchiqueles atacam os castelhanos

No dia 7 Ahmak executamos nossa fuga. Então abandonamos a cidade de Yximchée por causa do homem demônio. Depois saíram os reis. "Com certeza Tunatiuh há de morrer logo", disseram. "Já não há guerra no coração de Tunatiuh, agora está contente com o metal que lhe foi dado".

Foi assim que, por causa do homem demônio, abandonamos nossa cidade no dia 7 Ahmak, ó filhos meus!

Mas Tunatiuh soube o que haviam feito os reis. Dez dias depois que fugimos da cidade, Tunatiuh começou a guerra contra nós. No dia 4 Camey (5 de setembro de 1524), começaram a nos fazer sofrer. Nós nos espalhamos sob as árvores, sob os cipós, ó filhos meus! Todas as nossas tribos entraram em luta com Tunatiuh. Os castelhanos em seguida começaram a movimentar-se, saíram da cidade e a deixaram deserta.

Em seguida os cakchiqueles começaram a hostilizar os castelhanos. Abriram poços e covas para os cavalos e espalharam estacas agudas para que se matassem. Ao mesmo tempo os guerreavam. Muitos castelhanos morreram e os cavalos morreram nas armadilhas. Morreram também quichés e zutujiles; desta maneira foram destruídos todos os povoados pelos cakchiqueles. Só assim os castelhanos os deixaram respirar e assim também todas as tribos concederam (a estes) uma trégua.

No nono mês após nossa fuga de Iximchée se completaram 29 anos.

No dia 2 Ah (19 de fevereiro de 1525) se completou o vigésimo nono ano de "revolução"[14].

Durante o décimo ano (do segundo ciclo) continuou a guerra com os castelhanos. Estes tinham se mudado para Xepau. Dali, durante o décimo ano, nos fizeram guerra e mataram os homens valentes.

---

14. Refere-se aqui, e em outros lugares deste texto, a um célebre levante, ocorrido antes da vinda dos espanhóis, em 1493, instigado por Cay Hunahpú e sua gente, os tukuchées, que foram derrotados pelos senhores cakchiqueles.

Depois saiu Tunatiuh de Xepau e começou a nos hostilizar porque não nos humilhávamos diante dele. Seis meses haviam transcorrido do segundo ano da nossa fuga da cidade, (ou seja) quando a abandonamos e fugimos, quando Tunatiuh chegou a ela de passagem e a queimou. No dia 4 Camey (7 de fevereiro de 1526), incendiou a cidade; aos seis meses do segundo ano da guerra, regressou.

No dia 22 Ah (26 de março de 1526) se completaram 30 anos da revolução.

Ao longo desse ano nosso coração teve algum descanso. Igualmente o tiveram os reis Cahí Ymox e Belehé Qat. Não nos submetemos aos castelhanos e estivemos vivendo em Bolom Balam, ó filhos meus!

Um ano e um mês havia passado desde que Tunatiuh tinha arrasado (a cidade) quando chegaram os castelhanos a Chij Xot. No dia 1 Caok (27 de março de 1527) começou nossa matança por parte dos castelhanos. Foram combatidos por nós e continuaram fazendo uma guerra prolongada. Novamente a morte nos feriu, mas nenhum dos povoados pagou o tributo. Quando chegaram a Chij Xot pouco faltava para que se completassem 31 anos da revolução.

No dia 9 Ah (30 de abril de 1527) completaram-se 31 anos da revolução.

Durante este ano, enquanto estávamos ocupados na guerra aos castelhanos, estes abandonaram Chij Xot e foram viver em Bulbuxyá.

Durante o ano continuou a guerra. E nenhum dos povoados pagou o tributo.

Aceita-se pagar tributo aos castelhanos

Quinze meses após terem aparecido (os castelhanos) em Chij Xot, Chintá Queh introduziu o tributo em favor do capitão (Alvarado). Aqui em Tzololá o tributo foi introduzido no dia 6 Tzíi (12 de janeiro de 1528).

Então nasceu meu filho Diego. Nós nos encontrávamos em Bocó (Chimaltenango), quando nasceste no dia 6 Tzíi, ó filho meu! Então se começou a pagar o tributo. Passamos duras penas para nos livrar da guerra. Por duas vezes estivemos em grande perigo de morte.

No dia 6 Ah (3 de junho de 1528) se completaram 32 anos da revolução.

Aos oito meses do segundo ano da introdução do tributo, morreu o chefe Ahtún Cuc Tihax. Morreu no dia 6 Akbal (28 de junho de 1529). O Ahpozotzil e o Ahpoxahil, contudo, não tinham se rendido ainda.

No dia 3 Ah (8 de julho de 1529) completaram-se 33 anos.

Ao longo deste ano, os reis Ahpozotzil e Ahpoxahil se apresentaram ao Tunatiuh. Cinco anos e quatro meses os reis estiveram sob as árvores e sob os cipós. Os reis não foram por seu gosto; estavam dispostos a sofrer a morte por parte de Tunatiuh. Mas as notícias chegaram até Tunatiuh. E, assim, no dia 7 Ahmak (7 de maio de 1530), saíram os reis e se dirigiram a Paruyaal Chay. Inúmeros senhores se uniram a eles. Os netos dos chefes, os filhos dos chefes, grande número de pessoas, acompanharam os reis. No dia 8 Noh (8 de maio) chegaram a Panchoy. Tunatiuh se encheu de alegria diante dos chefes quando voltou a vê-los.

No dia 13 Ah (12 de agosto de 1530) se completaram 34 anos da revolução.

Durante este ano foram impostos terríveis tributos. Tributou-se ouro a Tunatiuh; foram dados como tributo 400 homens e 400 mulheres para irem lavar ouro. Toda a gente extraía ouro. Foram dados como tributo 400 homens e 400 mulheres para trabalhar em Pangán, sob as ordens de Tunatiuh, na construção da cidade do Senhor. Tudo isso, tudo, nós vimos, ó filhos meus!

No dia 10 Ah (16 de setembro de 1531) se completaram 35 anos da revolução.

Tunatiuh nomeia um rei aos cakchiqueles

Durante os dois meses do terceiro ano após a rendição dos senhores, morreu o Rei Belehé Qat; morreu no dia 7 Queh (24 de setembro de 1532), quando também lavava ouro. Após sua morte, imediatamente aqui veio Tunatiuh para nomear o sucessor do rei. Em seguida foi colocado no governo, pela única ordem de Tunatiuh, o Senhor Dom Jorge. Não houve eleição da comunidade para nomeá-lo. Em seguida Tunatiuh falou aos senhores e suas ordens foram obedecidas pelos chefes, porque, na verdade, o temiam.

No dia 7 Ah (20 de outubro de 1532) se completou o 36º ano da revolução.

Dezessete meses após a morte de Belhé Qat, os senhores tiveram que reconhecer a Dom Jorge, pai de Dom Juan Xuárez, como rei.

No dia 4 Ah (24 de novembro de 1533) se completou o 37º ano da revolução.

Durante este ano se retirou o Rei Cahí Ymox, Ahpozotzil, e foi viver na cidade porque se impôs aos senhores o mesmo tributo de todo mundo e, por isso, o rei tinha de pagá-lo.

No dia 1 Ah (29 de dezembro de 1534) terminou o 38º ano da revolução.

Partida de Tunatiuh

Ao longo deste ano, Tunatiuh partiu para Castela, fazendo novas conquistas no caminho. Destruiu, então, os de Tzutzumpan e os de Choloma. Tunatiuh destruiu e conquistou muitos povos.

Uma coisa notável aconteceu quando ele estava em Tzutzumpan. Eu ouvi o ecoar de Hunahpú[15]. Não havia

---

15. Nome dado ao vulcão da água.

chegado o senhor Mantunalo quando partiu Tunatiuh para Castela: rapidamente saiu para Tzutzumpan.

Regresso de Tunatiuh

Antes de terminar o segundo ano do terceiro ciclo (antes do 42º ano da revolução), foram receber o senhor Tunatiuh em "Porto Cavayo" quando este aí desembarcou depois de ter ido a Castela. Um dos senhores foi recebê-lo. Nós lá também fomos, ó filhos meus! Então mataram Ahtzib Caok por coisas de sua parcialidade. No dia 11 Ahmak (30 de abril de 1539) mataram Ahtzib.

No dia 2 Ah (17 de maio de 1539) se completou o 42º ano da revolução.

Seis meses após a morte de Ahtzib, Tunatiuh chegou em Panchoy, partindo em seguida o senhor Mantunalo. Quando este se foi, Tunatiuh o sucedeu.

A morte dos senhores cakchiqueles

Treze meses após a chegada de Tunatiuh, enforcou-se o rei Ahpozotzil Cahí Ymox. No dia 13 Ganel (26 de maio de 1540) foi enforcado por Tunatiuh em combinação com Quiyavit Caok.

No dia 12 Ah (20 de junho de 1540) se completou o 43º ano da revolução.

Catorze meses depois de ter sido enforcado o Rei Ahpozotzil, enforcaram Chuuy Tziquinú, chefe da cidade, porque estavam irritados. No dia 4 Can (27 de fevereiro de 1541) o enforcaram em Paxayá. Conduziram-no pelo caminho e o enforcaram secretamente.

Dezessete dias após o senhor ter sido enforcado, de haver enforcado Chuuy Tziquinú, no dia 8 Iq (16 de março de 1541), foi enforcado o senhor Chicbal junto com Nimabah Quehchún; mas isto não foi feito por Tunatiuh, que então já tinha se dirigido a Xuchipillan. Quem os enforcou foi o substituto de Tunatiuh. Dom Francisco foi quem os executou.

Cinco meses após o enforcamento do senhor Chicbal chegou a notícia da morte de Tunatiuh em Xuchipillan.

No dia 9 Ah (25 de julho de 1541) se completou o 44º ano da revolução.

Durante o ano houve uma grande erupção, na qual morreram os castelhanos em Panchoy. No dia 2 Tihax (10 de setembro de 1541) entrou em erupção o vulcão Hunahpú, a água brotou do interior do vulcão, morreram e pereceram os espanhóis e pereceu a mulher de Tunatiuh[16].

---

16. *Memorial de Sololá: Anales de los Cakchiqueles*, tradução de Adrián Recinos (RECINOS, 1950, p. 124-138).

III

Memória quéchua da conquista

Introdução

A sequência dos fatos

Como no caso da nação asteca, a conquista do grande Estado quéchua, do "Império dos Incas" como geralmente se chama, foi sem dúvida uma extraordinária proeza. Assim como os Maias e os Astecas, também os Incas eram herdeiros de uma cultura milenar. Seu derradeiro desenvolvimento político e econômico curiosamente coincide no tempo também com o esplendor dos Astecas, o outro "Povo do Sol".

Pouco antes da morte do Inca Huayna Cápac, pai de Huáscar e Atahualpa, ocorrida por volta de 1525, seus domínios, com cerca de um milhão de quilômetros quadrados, se estendiam desde a fronteira da atual Colômbia até partes do norte do Chile e da atual República Argentina. De um extremo ao outro havia cerca de quatro mil quilômetros, em grande parte interligados pelos famosos "*caminos del incario*". O Tahuantinsuyu, "a terra dos quatro quadrantes ou caminhos do mundo", tinha alcançado enorme prosperidade, graças a uma rígida administração política e econômica, que tinha em Cuzco seu "umbigo" ou centro. Sua riqueza era conhecida. Os conquistadores espanhóis bem logo haveriam de ter notícias dela.

O primeiro espanhol que contatou com os quéchuas foi um náufrago, chamado Alejo García, que apareceu pouco antes do falecimento de Huayna Cápac com um grupo de indígenas chiriguanás do Paraguai. Sua presença, contudo, não trouxe grandes consequências. Do norte, ao contrário, começavam a chegar rumores insistentes sobre a presença de homens brancos. Do Panamá haveriam de chegar os conquistadores.

Para sorte desses, o falecimento de Huayna Cápac teria como consequência a divisão dos estados inca e a guerra até a morte entre Huáscar, o herdeiro legítimo, e Atahualpa, que residia em Quito. Enquanto Francisco Pizarro, Diego de Almagro e o Padre Hernando de Luque organizavam no Panamá suas primeiras expedições, Huáscar e Atahualpa lutavam entre si. Huáscar saiu de Cuzco e marchou até o norte para combater Atahualpa. O primeiro encontro deu-se em Riobamba. Atahualpa, graças à habilidade de seus generais Quizquiz e Calcuchima, derrotou as tropas de Huáscar. Houve várias outras batalhas. A última foi em Cotabamba, junto ao Rio Apurímac, não muito longe da capital inca. Calcuchima ali rendeu Huáscar, que desde então ficou prisioneiro de seu irmão Atahualpa.

Francisco Pizarro e Diego de Almagro já haviam empreendido sua primeira e segunda expedições em busca do país do ouro. A primeira, realizada em fins de 1524, permitiu a Pizarro explorar o Rio Virú e vislumbrar a riqueza das novas terras. A segunda, realizada com a ajuda do piloto Bartolomé Ruiz, teve consequências decisivas. Ruiz descobriu a Ilha de Gallo, onde viu gente comerciando objetos de ouro e tecidos. Mais tarde fez vários prisioneiros, alguns dos quais haveriam mais tarde de desempenhar importante papel como intérpretes.

Enquanto Almagro regressava ao Panamá para dar notícias das riquezas dessas terras do sul, a vontade de Pizarro se impôs na Ilha de Gallo. Com o grupo de aventureiros que decidiu segui-lo, explorou o Golfo de Guayaquil e seguiu pela costa em direção do sul até chegar à cidade de Túmbez. Ali obteve informações sobre o Estado inca e, provavelmente, sobre as lutas internas em que se debatia.

Depois regressou ao Panamá com a intenção de organizar a expedição definitiva da conquista. Em 1528 foi à Espanha para obter diretamente do Imperador Carlos V a licença para tal empreitada. Em julho de 1529, Pizarro assinava as "Capitulaciones" pelas quais se lhe encomendava "continuar o descobrimento, a conquista e a povoação da dita província do Peru". Em 1530 regressava ao Panamá acompanhado de seus irmãos Hernando, Gonzalo e Juan. Quando Almagro tomou conhecimento das "Capitulaciones" e por elas viu que a empresa da conquista estava sob o comando de Pizarro, deixou penetrar nele a semente do ódio que haveria de frutificar mais tarde.

Algum tempo depois, três embarcações zarpavam do Panamá rumo a Túmbez. A 13 de maio de 1532 Pizarro e Almagro desembarcaram com um pouco mais de 200 homens. Túmbez estava abandonada. Huáscar já era prisioneiro de Atahualpa, que logo teve notícias da chegada dos homens brancos. Assim como no caso dos Astecas, Atahualpa creu a princípio que se tratava do regresso dos deuses, do retorno de Huiracocha.

Essa crença levou Atahualpa, que se encontrava em Cajamarca, a postergar sua partida a Cuzco. O Inca, do mesmo modo que Motecuhzoma, enviou observadores e mensageiros. Soube que os brancos haviam estrangulado vários caciques e tinham fundado depois a povoação de San Miguel. Finalmente teve notícia, cinco meses mais tarde, de que os huiracoches se dirigiam até a cordilheira com o fim de chegar a Cajamarca. Na verdade, não eram muitos: 72 homens montados em bestas estranhas e 96 pessoas a pé. Atahualpa, provavelmente oscilando entre o temor, a curiosidade e a dúvida, optou por permitir o avanço dos forasteiros. Podia, ao menos, confiar nos cerca de 40 mil homens armados que, ao que tudo indica, tinha nesse momento sob seu comando.

Um mensageiro do Inca novamente se encontrou com os conquistadores. Como por ocasião da conquista do México, também houve troca de presentes. Os espanhóis seguiram adiante. Quase dois meses depois chegaram a Cajamarca. A 15 de novembro de 1532 entraram na cidade, que estava deserta. Fora dela, na planície, estava a postos o exército do Inca com suas tendas e fogueiras.

No dia seguinte, Atahualpa resolveu entrevistar-se com os forasteiros. A cidade estava rodeada por seus homens. O Inca, acompanhado de seu séquito, sentado em sua liteira, defendido por seus nobres mais imediatos, os célebres "*orejones*", entrou na praça de Cajamarca. Os espanhóis, entretanto, tinham se postado nos melhores lugares à espera do que pudesse acontecer. A ideia de Pizarro era fazer prisioneiro o Inca de surpresa.

O que aconteceu nesses momentos é narrado por vários cronistas espanhóis, testemunhas oculares, como Francisco de Jerez. Mas também é contado, a seu modo, pelos historiadores indígenas, principalmente pelo célebre Guamán Poma de Ayala. Por meio de um intérprete, Filipillo, indígena guancabilca, que acompanhava os espanhóis desde sua segunda expedição, Pizarro falou com o Inca. Fez-lhe saber que era embaixador de um grande senhor; que devia ser seu amigo. O Inca respondeu com majestade e disse que acreditava ser Pizarro enviado de um grande senhor, "mas que não tinha que fazer amizade, que ele também era um grande senhor em seu reino". Falou então Frei Vicente de Valverde, com uma cruz na mão direita e o breviário na esquerda. E intimou o Inca a adorar a Deus, a cruz e o Evangelho, "porque todo o resto era coisa falsa". Atahualpa respondeu que ele "não adorava senão o sol, que nunca morre, e seus deuses que também tinha em sua lei". O Inca perguntou a Frei Vicente quem lhe havia ensinado a doutrina que pregava. Diante de tais palavras, o frade respondeu que o que ele ensinava lhe tinha sido dito pelo Evangelho. Atahualpa pediu então o livro, dizendo: "Dá-me o livro para que me diga". Pôs-se em seguida a folhear o livro. Disse depois: "Não me diz nada, não me fala nada este livro"; e, como escreve o cronista Guamán Poma, "com grande majestade, arremessou o livro que tinha em mãos".

Ao ver isto, Frei Vicente exclamou aos gritos: "Aqui, cavaleiros, (acabai) com estes índios gentios, (que) são contra nossa fé!" Esse foi o sinal de ataque. A cavalaria se lançou sobre a gente de Atahualpa; os arcabuzes causaram pavor e baixas entre os indígenas. No meio da confusão aprisionaram Atahualpa. Segundo o testemunho indígena, "morreu tanta gente dos indígenas que não se pôde contar". Ao anoitecer, o inca Atahualpa, que tinha um pouco mais de 30 anos, já estava à mercê dos estranhos forasteiros.

Na sua desgraça, Atahualpa tomou duas decisões de suma importância: suspeitando que Pizarro possivelmente daria o trono a seu irmão Huáscar, ordenou que este fosse executado imediatamente; e conhecendo a sede de ouro que atormentava os conquistadores, ofereceu pagar como resgate de sua liberdade todo o metal precioso que coubesse no aposento que lhe servia de prisão, até a altura que pudesse alcançar um homem.

Tendo Pizarro aceito, Atahualpa mandou trazer objetos de ouro de todos os cantos do Estado inca. O aposento ficou cheio até a altura que se tinha combinado. Apesar de ter sido pago o resgate, Pizarro achou que, para submeter totalmente os indígenas, era preciso desfazer-se de Atahualpa. Acusaram-no, então, de ter mandado matar seu irmão Huáscar. E outras foram as acusações: idolatria, adultério, relações incestuosas com sua irmã e outras mais. Condenaram Atahualpa a ser queimado vivo. Alguns dos conquistadores se opuseram a esta farsa de julgamento. E Frei Vicente de Valverde obteve a promessa de que, se Atahualpa se deixasse batizar, a condenação à fogueira seria trocada pela do garrote. A 29 de agosto de 1533 o Inca Atahualpa morria justiçado.

O Império dos Incas parecia assim sucumbir igual a um castelo de cartas. Porém, a resistência haveria de continuar. Na verdade, os quéchuas foram os únicos que, na conquista dos grandes Estados da América pré-colombiana, haveriam de manter-se em pé de guerra durante quase 40 anos.

Os espanhóis se esforçaram em consolidar e estender suas conquistas. Marcharam até o sul e, a 15 de novembro do mesmo ano, entraram na grande cidade de Cuzco, que foi completamente saqueada.

A intempestiva chegada de Pedro de Alvarado pelo norte, em princípios de 1534, criou problemas aos conquistadores do Peru. O Tonatiuh da conquista do México e da Guatemala teve notícias do ouro das novas terras descobertas. Seu propósito era apoderar-se do reino de Quito. Almagro saiu ao seu encontro e, após algumas escaramuças, convenceu Alvarado de que o melhor para ele era abandonar tal empresa. Sem dúvida alguma, ajudou a convencê-lo a entrega de uma grande quantidade de ouro, mas com a condição de que haveria de deixar parte de suas forças e o armamento que trazia consigo.

Para apaziguar os quéchuas e governá-los mais facilmente, os espanhóis coroaram em 1535 como Inca a Manco II, filho do pai de Atahualpa e meio irmão deste. Nesse mesmo ano Pizarro fundava a Cidade dos Reis, Lima, a nova capital do Peru.

Cedo Manco II não pôde mais suportar as crueldades e exações dos conquistadores. Mesmo sendo seu tutelado, rebelou-se contra eles. O povo quéchua se rebelou por todas as partes. Lima foi atacada e também a cidade de Cuzco. Os espanhóis estiveram a ponto de serem vencidos. Na luta morreu Juan Pizarro e só por milagre os espanhóis conseguiram vencer os Incas. Manco II decidiu então estabelecer a sede do novo Estado inca em Vilcabamba, localizada na vertente oriental dos Andes, dentro de um grande triângulo formado pelos rios Apurímac, Urubamba e Vilcamayo. Dali suas tropas faziam constantes saídas para atacar os conquistadores. Manco II e sua gente se apoderaram de cavalos, fizeram prisioneiros e escravos a alguns espanhóis e chegaram a possuir canhões e outras armas de fogo.

Enquanto isso, as rivalidades entre Pizarro e Almagro se agravaram. Francisco Pizarro conseguiu convencer Almagro a empreender a conquista do Chile. Este, contudo, regressou desenganado e iniciou uma luta renhida contra seu antigo companheiro de aventuras.

Em junho de 1537 Almagro se apoderou de Cuzco e fez prisioneiros a Alonso e Hernando Pizarro. No ano seguinte, 1538, após uma série de lutas, Almagro foi derrotado por Pizarro e condenado à morte. Mas as lutas continuaram. Diego, filho de Almagro, a 26 de junho de 1541, assassinou Francisco Pizarro. As lutas entre os conquistadores pareciam competir com a discórdia dos tempos de Huáscar e Atahualpa.

Por volta de 1545 morreu Manco II e sucedeu-lhe seu filho Sayri Túpac, que, dez anos depois, abandonou sua fortaleza de Vilcabamba e se entregou aos espanhóis. Sayri Túpac morreu envenenado. Os quéchuas coroaram então como Inca a seu irmão Titu Cusi Yupanqui, que aumentou os ataques contra os espanhóis a partir da inexpugnável Vilcabamba.

O Vice-Rei Francisco de Toledo, que governava em Lima, tratou por todos os meios de submeter o novo Inca. Percebendo que as armas pouco adiantavam, resolveu enviar várias embaixadas. O Inca permitiu a entrada de alguns frades em Vilcabamba. Um destes, o Padre Marcos García, transcreveu as palavras ditadas diretamente por Titu Cusi Yupanqui, redigindo um memorial ou instrução no qual o Inca narra as ofensas que havia sofrido seu pai Manco II e as humilhações de que havia sido objeto sua gente.

Essa crônica ou memorial constitui precisamente outro dos testemunhos indígenas sobre a conquista. Embora o frade que recebia o ditado acrescentasse coisas de sua própria ideia, em geral pode-se dizer que esse documento é reflexo fiel da visão que o Inca teve sobre a conquista.

Pouco tempo depois, por volta de 1569, Titu Cusi Yupanqui morria em Vilcabamba em consequência de uma pneumonia. Sucedeu-lhe, então, no comando seu irmão Túpac Amaru, o último dos Incas. Os espanhóis decidiram apoderar-se de qualquer modo da fortaleza de Vilcabamba. Aproximaram-se dela por três caminhos diferentes. Ao fim encontraram Túpac Amaru fora de seu reduto. O Inca fugiu, então, pelo Rio Vilcamayo. Alcançado, foi feito prisioneiro, levado a Cuzco, julgado sumariamente e executado.

Com a morte de Túpac Amaru, em 1572, terminava finalmente o senhorio dos Incas e a conquista espanhola estava terminada. O povo que aparentemente tinha sido vencido por surpresa com a prisão e morte de Atahualpa havia sabido resistir durante quase 40 anos, opondo-se com heroísmo e através de todos os meios possíveis à dominação dos homens brancos, que a um princípio foram tidos por deuses.

Veremos, em seguida, quais os principais testemunhos indígenas em que se pode estudar a visão dos vencidos quéchuas.

Os testemunhos quéchuas da conquista

Os testemunhos sobre a conquista que nos deixaram alguns cronistas e historiadores indígenas do mundo inca são menos numerosos que os dos Astecas e dos Maias. Quatro são os autores principais que escreveram durante a segunda metade do século XVI e princípios do XVII; além deles há alguns outros testemunhos anônimos, entre os quais um drama em quéchua sobre a conquista e alguns poemas ou cânticos indígenas, pelos quais também se pode estudar esta terceira "visão dos vencidos".

O mais importante e autêntico relato indígena sobre a conquista do Peru se deve provavelmente ao já célebre Felipe Guamán Poma de Ayala. Descendente dos senhores de Allanca Huánuco, nasceu por volta de 1526, já que, segundo seu próprio testemunho, tinha 88 anos de idade em 1614. Quéchua de pura linhagem, ostentou sempre ao lado de seu nome cristão os de Guamán (falcão) e Poma ou Puma.

Andarilho incansável e homem de grande curiosidade, começou a escrever ainda quando jovem sua obra intitulada *El primer nueva corónica y buen gobierno*, longo trabalho de 1.179 páginas e cerca de 300 desenhos ou ilustrações. Sua crônica, redigida num mau castelhano, cheia de erros gramaticais e com incontáveis termos e frases inteiras no idioma quéchua, é certamente de difícil leitura, mas profundamente reveladora. Guamán Poma, como o chama Raúl Porras Barrenechea, é neste sentido "o maior expoente do indígena após a conquista"[1].

---

1. PORRAS BARRENECHEA (1962, p. 432-436).

El primer nueva corónica y buen gobierno, verdadeira enciclopédia do mundo quéchua, fala, entre outras coisas, das várias "idades" antigas, de cada um dos governantes incas e das rainhas, suas mulheres, dos capitães, dos regulamentos, da organização social, ofícios, festas, crenças religiosas etc. Ao tema da conquista, que é o que nos interessa aqui, Guamán Poma dedica várias páginas, da 367 à 439. Aí oferece sua própria visão indígena, baseada tanto nos testemunhos de seu pai e de outros anciãos, que eram já adultos quando da vinda dos espanhóis, como no que ele mesmo pôde conhecer e presenciar, já que não se deve esquecer o fato de ele ter nascido em torno de 1526 – ou seja, seis anos antes do desembarque definitivo de Pizarro na cidade de Túmbez.

Essa importante crônica indígena permaneceu esquecida até o ano de 1908, quando foi descoberta na Biblioteca Real de Copenhague pelo Doutor Richard Pietschmann, que deu a conhecer sua existência nesse mesmo ano e informou mais amplamente sobre este achado por ocasião do XVIII Congresso Internacional de Americanistas, realizado em Londres, em 1912.

Existe uma reprodução fac-símile da *Corónica* publicada por Paul Rivet no volume XXIII do Instituto de Etnologia de Paris, em 1936. A única tradução paleográfica completa desta fonte de tão grande importância se deve a Arturo Posnansky, que a publicou em La Paz, em 1944.

Na presente antologia de textos indígenas sobre a conquista do Peru estão incluídas partes importantes das páginas que escreveu Guamán Poma sobre este tema.

Outro importante relato indígena sobre a conquista é a *Instrucción del Inca Don Diego de Castro, Titu Cusi Yupanqui, para el muy ilustre Señor el Lic. Lope García de Castro*. Já vimos, ao tratar da resistência dos Incas de Vilcabamba, o papel que desempenhou o Inca Titu Cusi, que governou entre os anos de 1557 e 1570. Titu Cusi mais de uma vez teve contato com os mensageiros espanhóis enviados de Lima. E até foi batizado, em agosto de 1568, recebendo o nome de Diego de Castro. O Padre Marcos García, que ficou em Vilcabamba para catequizar o Inca, foi quem transcreveu o memorial ou "instrução" de Titu Cusi, dirigido ao Governador García de Castro. Fala nele das humilhações e ofensas que sofreu seu pai Manco II. Fala também do cerco a Cuzco, onde morreu Juan Pizarro, e menciona não poucos fatos relativos à vida e organização do novo Estado inca em Vilcabamba. Quanto à luta entre Huáscar e Atahualpa, coloca-se a favor de Cuzco, declarando-se partidário de Huáscar.

Quanto à participação que pôde ter tido Frei Marcos García, ao colocar por escrito as palavras do Inca, vale a pena citar a opinião de Porras Barrenechea: "O frade redator da crônica interpõe também sua personalidade, fazendo Manco II pronunciar a cada passo discursos que são verdadeiras homilias e que começam invariavelmente com este vocativo: 'Mui amados filhos e irmãos meus'. Por outro lado, há algumas observações e impressões diretas do espírito indígena frente aos espanhóis ou huiracochas. Isto aparece quando diz, para descrever os conquistadores, que eram homens barbudos que falavam a sós com uns panos brancos – para dizer que liam –, que iam sobre animais que tinham os pés de prata e eram donos de alguns trovões"[2].

O relato de Titu Cusi se conserva na Biblioteca do Escorial e dele existe a reprodução de uma pequena parte, feita por Marcos Jiménez de la Espada, no apêndice 18, *La Guerra de Quito*, de Pedro Cieza de León, Madri, 1867. Mais tarde, em edição pouco cuidada, se publicou a Instrução de Cusi Yupanqui completa, sob o título de *Relación de la conquista del Perú y hechos del Inca Manco II*, Coleção de Livros e Documentos referentes à História do Peru (Urteaga-Romero), primeira série, tomo II, Lima, 1916.

O terceiro cronista puramente indígena, cuja obra contém referências sobre a conquista, é Dom Juan de Santa Cruz Pachacuti, Yamqui Salcamaygua. Filho de pais nobres de origem collagua, deixa transparecer em seu escrito, redigido em princípios do século XVII, seu ressentimento com o povo de Cuzco. Sua crônica intitulada *Relación de antigüedades deste Reyno del Pirú*, ainda que muito mais breve que a obra de Guamán Poma, é rica fonte de informação. Entre outras coisas, fala da famosa lenda de Tonapa, inclui várias orações em idioma quéchua e oferece numerosos dados sobre os diversos Incas. Entre os desenhos que inclui, há um por demais interessante do

---

2. PORRAS BARRENECHEA (1962, p. 439).

Coricancha, ou recinto sagrado de Cuzco, que foi interpretado por mais de uma vez como uma espécie de "mapa cósmico indígena". A parte referente à conquista é breve, mas nem por isso menos importante. Na presente antologia é incluída em sua totalidade.

O Relato de Santa Cruz Pachacuti se conserva na Biblioteca Nacional de Madri. Jiménez de la Espada o publicou junto com o Relato de Fernando Santillán e outro documento anônimo, devido provavelmente ao Padre Blas Valera, sob o título *Tres relaciones peruanas*, Madri, 1879[3].

Além dos três cronistas já citados, todos eles verdadeiramente indígenas, é importante aludir, nem que seja brevemente, à obra de Garcilaso de la Vega. Como é sabido, Garcilaso foi filho de um dos conquistadores espanhóis que chegaram com Alvarado e de uma princesa inca, sobrinha do Inca Huayna Cápac. Garcilaso, que se apropriou indevidamente do título de Inca, já que este correspondia somente aos descendentes pela linha paterna da família real, nasceu em Cuzco no ano de 1539. Na sua própria cidade natal, e na companhia dos filhos mestiços de outros conquistadores, aprendeu gramática, aprofundou-se nos clássicos latinos e na história do Velho Mundo e pôde escutar também dos lábios de seus parentes indígenas as antigas tradições do povo inca.

---

3. Existe uma nova edição desta obra publicada pela Editorial Guaranía, Assunção do Paraguai, 1950.

O fato de Garcilaso sempre se proclamar mais indígena do que espanhol se deve, talvez, ao apego a essa tradição, tão ligada ao amor materno. Apenas uma citação, tomada de seus *Comentarios reales*, valerá por muitas e poderá servir para confirmar o que foi dito. Explicando por que se refere aos espanhóis como os "huiracochas", escreve: "Assim os indígenas denominam os espanhóis e assim eu os denominarei porque sou indígena..."[4]

Aos 20 anos de idade Garcilaso foi para a Espanha. Serviu ali o rei como capitão e combateu na guerra contra os mouros sob as ordens de Dom Juan da Áustria. Por este tempo aprendeu a língua italiana, que haveria de servir-lhe para traduzir os *Diálogos de amor*, de Leão Hebreu.

Os últimos anos de sua vida, até 1616, quando morreu na cidade de Córdoba, os dedicou ao estudo e à redação de suas diversas obras históricas. Destas, nos interessam aqui, sobretudo, seus célebres *Comentarios reales*. Já em 1586 tinha manifestado seu desejo de abordar "sumariamente a conquista de minha terra, aprofundando-me mais nos seus costumes, ritos e cerimônias e em suas antiguidades..." Em 1590, quando publicou sua tradução dos diálogos de Leão Hebreu, demonstrou claramente seu extraordinário domínio e elegância no uso da língua castelhana e insistiu mais uma vez, no próprio título dado ao livro, na sua origem indígena. Na página de rosto da obra se leem as seguintes palavras: "A tradução do Ín-

---

4. INCA DE LA VEGA (1962, vol. I., p. 217).

dio dos Três Diálogos de Amor de Leão Hebreu, feita do italiano para o espanhol por Garcilaso Inca de la Vega, natural da grande cidade de Cuzco, Capital dos Reinos e Províncias do Peru".

Garcilaso dedicou boa parte de seu tempo à preparação do que poderíamos considerar como suas obras fundamentais. Primeiro foi *La Florida del Inca*, que apareceu em 1605. Mais tarde completou seus *Comentarios reales* que, como se lê no título da primeira edição de 1609, "tratam da origem dos Incas, reis que foram do Peru, de sua idolatria, leis e governo na paz e na guerra: de suas vidas e conquistas e de tudo o que foi aquele Império e sua República, antes que os espanhóis nele chegassem".

A segunda parte dos *Comentarios* contém a *Historia general del Perú*, onde narra seu descobrimento e conquista. Garcilaso não chegou a ver impressa sua obra, já que esta só apareceu no ano seguinte ao de sua morte, ou seja, em 1617.

Não podemos nos ocupar aqui do valor literário da obra de Garcilaso. Fixamo-nos somente naquilo que ela tem de testemunho indígena sobre a conquista, se bem que, por um lado, vale afirmar, como já o fez Menéndez y Pelayo, é um "reflexo da alma dos povos vencidos", por outro lado, é certo também que esse reflexo é muito menos direto que o dos outros cronistas puramente quéchuas de quem nos ocupamos anteriormente. Mas os anos de Garcilaso na Espanha, a maior parte de sua vida, não passaram em vão. Poder-se-ia dizer que ele, de certo modo, era indígena entre os espanhóis e espanhol entre os indígenas.

Muito se discutiu sobre o valor histórico e a autenticidade de não poucos dados que apresenta em seus *Comentarios* e em sua *Historia*. É um fato o seu empenho em exaltar o indígena, mas, é preciso que se diga, esse empenho é em boa parte o de um homem de mentalidade europeia. A partir deste ponto de vista, seu testemunho pode ser incluído apenas parcialmente dentro da memória dos vencidos. Na presente antologia incluímos, a título de exemplo, apenas uma breve passagem em que se narra a postura do Inca Manco II, nomeado rei pelos espanhóis a fim de poderem melhor governar a nação inca. Das várias edições da obra histórica de Garcilaso se indica em nota a referência bibliográfica a mais recente e fácil de se adquirir, publicada pela Universidade de San Marcos[5].

Ao lado dos cronistas, cujas obras foram mencionadas, vale a pena recordar a existência de vários outros testemunhos, que, embora mais tardios, por isso mesmo evidenciam a persistência da recordação da conquista na consciência indígena. O mais interessante destes testemunhos é uma antiga peça de teatro em língua quéchua, conhecida sob o título de *Tragedia del fin de Atahualpa*.

---

5. *Los Comentarios generales que tratan del origen de los Incas...* 3 vols. Lima: Universidade Nacional Maior de São Marcos, Patronato del Libro Universitario, 1959-1960; INCA DE LA VEGA (1962).

Dela se conhecem diversas traduções com algumas variantes entre si. Como observou o famoso quechuísta boliviano Jesús Lara, essa peça pertence ao chamado gênero dos *huanca*, ou seja, uma das formas de representação existentes já nos tempos pré-hispânicos. Um *huanca* seria uma representação de caráter histórico em que se recordam as proezas das grandes figuras do mundo inca.

Entre as várias versões conhecidas da *Tragedia del fin de Atahualpa*, algumas delas de considerável antiguidade, o próprio Jesús Lara publicou a que, segundo seu parecer, conservou melhor sua forma original. Da tradução ao castelhano, preparada por ele mesmo, oferecemos apenas uma parte: a que descreve o encontro de Atahualpa com Pizarro e os "inimigos barbudos", como são denominados os espanhóis no texto. A tragédia começa com as palavras de Atahualpa que conta como viu em sonhos a ameaça que pairava sobre ele e seu povo. Os fatos históricos se alteram em mais de uma ocasião, talvez para apresentar, dentro da unidade e singeleza do teatro indígena, o cerne mesmo do drama da conquista. Mais que um testemunho histórico, pretendendo refletir a sequência dos acontecimentos, essa tragédia é memória profundamente humana do trauma dos vencidos[6]. O fato de ela ser representada até o presente, em inúmeros povoados da Serra, é prova de que a alma quéchua não esqueceu ainda o que significou para ela a conquista.

---

6. Cf. *Tragedia del fin de Atahualpa* (1957). Inclui também o texto original em quéchua.

Finalmente, dos diversos cânticos em idioma quéchua que abordam o tema da conquista, mencionaremos aqui apenas dois deles. O primeiro é conhecido pelo título de *Apu Inca Atawalpaman*, elegia quéchua anônima, escrita certamente muito tempo depois da morte de Atahualpa. Nela se recorda, com profundo realismo, a execução do Inca em Cajamarca e se descreve a triste situação do povo quéchua. Tal elegia foi publicada pelo quechuísta J.M.B. Farfán na revista do Instituto de Antropologia da Universidade Nacional de Tucumán, vol. XII, n. 12, 1942. Daremos aqui a tradução mais fiel dela, preparada pelo grande poeta e quechuísta peruano José Maria Arguedas[7].

O outro poema ou cântico, mais tardio que o primeiro, é originário da região quéchua do Equador. Tem como título *Runapag Llaqui*, "desventura do indígena", e é também uma dolorida recordação da morte de Atahualpa e de todas as desgraças que caíram sobre o povo indígena[8].

Esses são os principais testemunhos indígenas que podemos apresentar sobre a conquista do Peru. Por meio deles pode-se estudar o conceito que o grande povo quéchua formou a respeito do que iria ser a ruína de sua milenar cultura.

---

7. *Apu Inca Atawallpaman* (s.d.). Elegia quéchua anônima, recolhida por J.M. Farfán, tradução de José María Arguedas.

8. O *Runapag Llaqui* foi publicado entre os exemplos da literatura quéchua incluídos em: CORDERO, L. *Diccionario Quéchua*. Quito: Casa de la Cultura Ecuatoriana, 1955.

O conceito quéchua da conquista

Os quéchuas, da mesma forma que seus irmãos Astecas e os povos maias das terras altas da Guatemala, pensaram a princípio que os estranhos homens barbudos que chegavam em sua terra eram os deuses que regressavam. Viam neles o legendário Huiracocha e seus acompanhantes. Mas, ainda que durante muitos anos os espanhóis fossem chamados de "huiracochas", na realidade bem logo se descobriu o erro inicial.

São os cronistas indígenas do Peru que, talvez para dissipar o primeiro engano, insistem mais em descrever a cobiça e a sede de ouro dos estranhos forasteiros. Assim Guamán Poma escreve a respeito deles: "De dia e de noite, entre sonhos, todos diziam: 'Índias, Índias, ouro, prata, ouro, prata, do Peru...'" E acrescenta: "Continua até agora igual desejo de ouro e prata e se matam os espanhóis e desterram os pobres dos indígenas, e por ouro e prata já ficam despovoados partes deste reino, as aldeias dos pobres indígenas, por ouro e prata..."

O pensamento indígena fez passar a ideia, tantas vezes repetida pelos conquistadores e missionários, de que na realidade vinham pregar Deus verdadeiro e a nova doutrina da salvação. O indígena entendeu que não restava outro caminho senão o de aceitar o cristianismo. Mas, à sua maneira, ironizou o que teve por falsa religiosidade nos conquistadores. Em seu "Prólogo aos leitores cristãos espanhóis", escreve o mesmo Guamán Poma: "Tudo tendes e o ensinais aos pobres dos indígenas... dizeis que havereis de restituir. Não creio que o restituais na vida nem na morte. Parece-me a mim, cristão, que todos vós vos condenais ao inferno. Que Sua Majestade é tão grande santo que a todos quantos prelados e vice-reis têm a seu encargo os pobres naturais, e os prelados da mesma forma, todo o mar traz o favor dos pobres indígenas; saindo para a terra, ele logo está contra os pobres indígenas de Jesus Cristo..."

E na *Tragedia del fin de Atahualpa*, com não pouca ironia e motejo, aparece o intérprete Felipillo traduzindo as palavras de Almagro:

> Este forte senhor te diz:
> nós temos vindo
> em busca de ouro e prata.

Em seguida Felipillo traduz a intervenção violenta de Frei Vicente de Valverde, que se interpõe e grita:

> Não, nós viemos
> a fim de que conheçais
> o verdadeiro Deus...

A todos o enviado Huaya Huisa responde somente:

> O sol, que é nosso pai,
> é de ouro refulgente
> e a lua, que é nossa mãe,
> é de radiante prata
> e em Curicancha ambos estão.
> Mas para achegar-se a eles
> é preciso antes beijar a terra[9]...

---

9. *Tragedia del fin de Atahualpa* (1957).

Mas acabou ficando claro no pensamento quéchua que os forasteiros não eram deuses, porém "inimigos barbudos", como os denomina o texto indígena, ávidos de ouro e de poder, também logo surgiu a ideia de que a presença dessa gente significava o fim irreversível da antiga maneira de vida. Embora os quéchuas se mantivessem em pé de guerra durante aproximadamente 40 anos em sua fortaleza de Vilcabamba, a convicção da derrota se apoderou por fim inteiramente de sua consciência. Garcilaso procura explicar tal coisa ao afirmar que os indígenas não ofereceram resistência aos espanhóis devido a uma profecia de Huayna Cápac que anunciava sua chegada. Titu Cusi afirma que os conquistadores puderam vencer porque agiram com dolo e falsidade. Para Santa Cruz Pachacuti a explicação está na vontade divina. Mas, mesmo sendo diferentes as explicações da derrota, a convicção trágica de que foi algo inevitável parece ser a mesma.

Talvez por causa deste ponto de vista, os quéchuas poderiam simbolizar, uma vez mais, a resignação do vencido. A elegia anônima em honra de Atahualpa é uma ilustração disso:

> Sob estranho império, acumulados os martírios,
> e destruídos,
> perplexos, extraviados, negada a memória,
> sós;
> morta a sombra que protege,
> choramos,
> sem ter a quem e aonde volver.
> Estamos delirando[10]...

---

10. *Apu Inca Atawallpaman* (s.d.).

É verdade que o Inca Titu Cusi Yupanqui quis expor suas queixas em sua instrução ou memorial para fazê-las chegar à autoridade real. Mas é também verdade que a convicção posterior foi a de que tudo isso era inútil. O quéchua aprendeu em seu íntimo a desprezar os "inimigos barbudos". Com uma mistura de ironia, de motejo e de medo, continuou chamando os espanhóis de *huiracochas*. Aprendeu a baixar a cabeça e a temer os conquistadores e *encomenderos*. Como seus irmãos Astecas e Maias, aceitou a nova religião, mas conservou tradições e crenças dos tempos antigos. A posterior conclusão do quéchua foi resignar-se em meio à desgraça. Depois, em seu isolamento de *encomiendas* e *haciendas*, viveu seu trauma. Rebelou-se algumas vezes, como no caso de Túpac Katari. Participou nas lutas de independência, mas até agora continua aguardando o momento, talvez já próximo, em que finalmente sua antiga força criadora poderá se exercitar no novo contexto dos grandes povos mestiços da nossa América.

Os testemunhos quéchuas
da conquista

1 A crônica da conquista, de Guamán Poma

Da obra de Guamán Poma El primer nueva corónica y buen gobierno, *escrita, como já dissemos, num castelhano misturado de quéchua, tanto em sua estrutura como em seu vocabulário, se oferece aqui boa parte do relato sobre a conquista, nela incluído. A seleção começa com um eloquente "Prólogo aos leitores cristãos espanhóis", onde o andarilho cronista indígena mostra, em síntese, o que pensa sobre os resultados da presença dos espanhóis e de sua dominação sobre os indígenas. As páginas seguintes falam da aparição desses homens brancos, que os indígenas julgavam a princípio ser Huiracocha e os deuses. Narra o encontro deles, em Cajamarca, com Atahualpa, sua prisão e morte, e os principais fatos que se seguiram, até a morte do novo Inca Manco II em sua fortaleza de Vilcabamba e a ruína final e definitiva da nação inca. Para a transcrição do texto de Guamán Poma nos valemos da sua reprodução fac-símile, publicada por Paul Rivet no volume XXIII dos* Travaux et Mémoires de Institut d'Ethnologie, *Paris, 1936. A fim de facilitar a leitura, modernizou-se a ortografia e se introdu-*

ziu, sem fazer violência ao texto, a pontuação que pareceu mais adequada, assim como os vários subtítulos que aparecem no início das diferentes passagens em que se distribui o texto.

Prólogo aos leitores cristãos espanhóis (folha 367)

Vês aqui, cristão, toda a lei má e boa. Agora, cristão leitor, divide em duas partes, o mal apartai-o, para que sejam castigos, e como bom se sirva a Deus e a Sua Majestade. Cristão leitor, vês aqui toda a lei cristã, não achei que sejam tão cobiçosos de ouro e prata os indígenas. Nem achei quem deva cem pesos, nem mentirosos, nem jogador, nem preguiçoso, nem puta, nem puto, nem quem furte entre eles.

Que vós os tendes todo desobediente a vosso pai e mãe e prelado e rei e se negais a Deus, o negais a pés juntos. Tudo tendes e o ensinais aos pobres dos indígenas. Dizeis quando vos esfolais entre vós e muito mais aos pobres indígenas. Dizeis que havereis de restituir. Não creio que o restituais na vida nem na morte. Parece-me a mim, cristão, que todos vós vos condenais ao inferno. Que Sua Majestade é tão grande santo que a todos quantos prelados e vice-reis têm a seu encargo os pobres naturais, os prelados o mesmo, todo o mar traz o favor dos pobres indígenas, em saindo à terra, logo está contra os pobres indígenas de Jesus Cristo.

Não vos espanteis, cristão leitor, de que a idolatria e o erro antigo lhe erraram como gentios indígenas antigos. Como os espanhóis, tiveram ídolos, como escreveu o reverendo Padre Frei Luis de Granada que um espanhol gentio tinha seu ídolo de prata, que ele o havia lavrado com suas mãos e outro espanhol o havia furtado dele. Foi chorando buscar seu ídolo; mais chorava pelo ídolo do que pela prata; assim os indígenas, como bárbaros e gentios, choravam por seus ídolos, quando foram quebrados no tempo da conquista. E vós tendes ídolos em vossa *hacienda* e prata em todo o mundo.

Preparativos da conquista (folha 372)

Dom Francisco Pizarro e Dom Diego de Almagro, dois capitães generais, e os demais se reuniram 350 soldados. Toda Castela teve grandes alvoroços, era de dia e de noite, entre sonhos, todos diziam: "Índias, Índias, ouro, prata, ouro, prata, do Peru". E se ajuntaram estes ditos soldados e mensagem do rei nosso senhor católico de Espanha e do santo padre papa.

De 1512 anos, Papa Júlio II, de seu pontificado sete; Imperador Maximiliano II, de seu império 17; rainha da Espanha, Dona Joana, de seu reinado cinco. Vasco Núñez de Balboa teve notícia do Mar do Sul. Com esta notícia, mais se alvoroçou a terra. Que se a rainha deixasse vir, me parece que toda Castela viria com tão rica notícia desejada: ouro e prata. (Acreditava-se) que as pessoas andavam vestidas todas de ouro e prata e todo do solo, o que pisavam, era todo ouro e prata maciços, que como pedra amontoavam ouro e prata.

Ainda até agora dura aquele desejo de ouro e prata e se matam os espanhóis e se esfola os pobres dos indígenas e por ouro e prata ficam já despovoadas partes deste reino, as aldeias dos pobres indígenas, por ouro e prata.

Do ano de 1513, Papa Júlio II, e de seu pontificado sete; Imperador Maximiliano II, de seu império 17, rainha da Espanha Dona Joana e de seu reinado cinco. Descobrimento do Rio da Prata; Juan Díaz de Solís vizinho da vila de Librexa, piloto, 700 léguas ao Paraguai, ao rio grande, se descobriu.

Começaram os capitães a preparar suas viagens e provisões, muita comida e armas, tudo, biscoito e toucinho, carne defumada, e procuraram trazer outras iguarias e roupa branca, mas de pano pobre não quiseram trazer nada, senão armas e escopetas, com a cobiça de ouro, prata, ouro e prata, Índias, às Índias, Peru.

(Folha 374) O mar do sul ao Rio da Prata, 700 léguas à cidade do Paraguai. Mas, primeiro, foi descoberto o mar do norte pelo companheiro de Colum às Índias. E morreu, e deixou os papéis ao dito Colum, e foi conquistado São Domingos e Panamá, dali saltou às Índias, ao reino do Peru, no tempo e reinado de Guayna-Cápac Inca. Descobriu-se e foi conquistado no tempo que reinou Topa

Cucihualpa Huáscar Inca, quando se desentendeu com seu irmão bastardo Atahualpa Inca.

E assim Dom Francisco Pizarro e Dom Diego de Almagro e seu irmão Gonzalo Pizarro, Feitor Gelin Martín Fernández Enseso e o dito Colum, Juan Díaz de Solís, piloto, Vasco Núñez de Balboa tiveram notícia do mar no ano de 1514[1].

Papa Júlio II, de seu pontificado, sete; Imperador Maximiliano II, de seu império, 17; rainha da Espanha, Dona Joana, de seu reinado, cinco. Dom Francisco Pizarro, Dom Diego de Almagro, Frei Vicente da Ordem de São Francisco e Felipe, intérprete, indígena Guancabilca, se reuniram com Martín Fernández Enseso e 350 soldados e embarcaram rumo ao reino das Índias do Peru e não quiseram descansar nenhum dia nos portos.

Cada dia não se fazia nada, mas tudo era pensar em ouro e prata e riquezas das Índias do Peru. Estavam como um homem desesperado, tonto, louco, perdido o juízo com a cobiça de ouro e prata. Às vezes não comia, com o pensamento de ouro e prata; às vezes dava grande festa, parecendo que todo ouro e prata tinha dentro das mãos prendido. Como um gato caseiro quando tem o rato sob as unhas, então folga; e se nem sempre aprisiona, trabalha e todo seu cuidado e pensamento está ali, até prendê-lo

---

1. Como se percebe, a cronologia e as diferentes figuras do descobrimento do Novo Mundo e da conquista do Peru aqui se confundem no pensamento de Guamán Poma.

não para, e sempre volta ali: assim foram os primeiros homens. Não temeu a morte com o interesse de ouro e prata. Pior são os desta vida. Os espanhóis corregedores e padres *comenderos*, com a cobiça de ouro e prata, vão para o inferno.

(Folha 378) Ano de 1525, Papa Clemente VII, de seu pontificado três, Imperador Dom Carlos V, de seu império sete, de seu reinado cinco, Dom Francisco Pizarro e Dom Diego de Almagro, dois capitães generais no descobrimento deste reino do Peru, e Hernando de Luque, mestre-escola, saltaram nesta terra. Logo começaram a ter diferenças do dito descobrimento deste mundo novo das Índias deste reino e, com a cobiça de ouro e prata em seu coração, trazia "matar-te-ei ou matar-me-ás" e uns e outros se mordiam e os ditos soldados andavam espantados.

Ano de 1526, Papa Clemente, de seu pontificado cinco, Imperador Dom Carlos V e de seu império nove, de seu reino dez, nascimento do Rei Dom Felipe, segundo deste nome. Houve mui grandes festas na Espanha e em toda Castela e Roma.

Ano de 1532, Papa Clemente VII e de seu pontificado dez, Imperador Carlos V e de seu império 14 e de seu reinado 15, Dom Francisco Pizarro, Dom Diego de Almagro, tiveram o primeiro embaixador do legítimo e Rei Cápac Apo Inca Topa Cucihualpa, Huáscar Inca, rei e senhor deste reino; o enviou a dar paz ao porto de Túmbez ao embaixador do imperador e rei de Castela. Enviou-o à sua segunda pessoa, vice-rei deste reino, Cápac Apo Exmo. Senhor Dom Martín Guamán Marquês de Ayala, foi o embaixador da grande cidade de Cuzco, cabeça deste reino. E os espanhóis, Dom Francisco Pizarro e Dom Diego de Almagro e Dom Martín de Ayala se ajoelharam e se abraçaram e se deram a paz (e) amizade com o imperador. E o honrou e comeu em sua mesa e falaram e conversaram e deu presentes aos cristãos; também deu ao Senhor Dom Marquês de Ayala, que foi primeiro embaixador de Atahualpa Inca no porto de Túmbez, onde saltou primeiro.

Contendas entre Huáscar e Atahualpa (folha 378)

O defunto Guayna Cápac, Inca, foi levado à cidade de Cuzco, onde é cabeça deste reino, para enterrá-lo. Trouxeram-no desde a província de Quito. Neste tempo que tiveram grandes altercações, os dois incas, o legítimo Huáscar Inca e o bastardo Atahualpa Inca, desde Quito e disputa de capitães. E fizeram do reino duas partes. Desde Jauja até Quito, e novo reino, foi o de Atahualpa. E desde Jauja até Chile o de Huáscar. E com eles houve grandes oposições e batalha e morte dos capitães e de indígenas deste reino. Então foi levado o corpo de Guayna Cápac Inca à grande cidade de Cuzco. Chamava-se o defunto *yllapa*[2].

---

2. *Yllapa*: raio.

Do dito Inca Guayna Capac pensaram os indígenas de Quito que veio vivo o Inca e assim não se rebelaram, nem houve alvoroço do reino pela morte do Inca e o levaram a sua abóbada real embalsamado devidamente. Desde Jauja se supôs que estava morto e na cidade de Cuzco fizeram grandes prantos e choros da morte de Guayna Cápac Inca. E a promessa e o que avisaram os demônios ao Inca, desde seus antepassados incas, foi declarado que havia de sair uns homens chamados Huiracocha; como dito foi, neste tempo saíram os homens Huiracochas cristãos nesta revolta deste reino. E foi feliz promessa de Deus que em tanta batalha e derramamento de sangue e perda de gente deste reino saíssem os cristãos. Foi Deus servido e a Virgem Maria adorados e todos os santos e santas anjos chamados de que fosse a conquista em tanta revolta de Huáscar, Atahualpa, Incas.

Os primeiros contatos (folha 380)

O segundo embaixador de Atahualpa Inca, irmão bastardo de Huáscar Inca, enviou seu capitão-general chamado Ruminaui ao porto de Túmbez ao embaixador do imperador, Dom Francisco Pizarro e Dom Diego de Almagro e tiveram muito grandes respostas e cumprimento. Enviou-o suplicando que voltassem os cristãos a suas terras e lhe disse que lhe daria muito ouro e prata para que voltassem. E não tirou proveito e deu a resposta dizendo que queria ver e beijar as mãos do rei Inca. Depois voltariam e que vinha como embaixador de seu rei e imperador e assim veio adiante.

Atahualpa Inca mandou dar indígenas *mitayos*[3] a Dom Francisco Pizarro e a Dom Diego de Almagro e ao Feitor Gelin. Deram-lhes cama, ricos presentes e mulheres a eles e a todos seus cavalos, porque diziam que era pessoa os ditos cavalos que comiam milho. Não sabia, nem havia visto em sua vida e assim mandou dar garantias.

Ano de 1533, Papa Clemente VII, de seu pontificado 11, Imperador Dom Carlos V e de seu império 15, e de seu reinado 10 e 6, marcha Dom Francisco Pizarro e Dom Diego de Almagro à cidade de Cajamarca contra Atahualpa Inca com 160 soldados contra 100 mil indígenas; Hernando de Soto, Sebastián de Balcázar e Hernando Pizarro com 20 cavaleiros e Felipe Guancabilca, indígena intérprete, que trouxe para a conquista. Entraram em Cajamarca e não estava na cidade do dito Inca Atahualpa; estava nos banhos. Envia Atahualpa seu embaixador à cidade com o Capitão Ruminaui dizendo que voltassem os cristãos espanhóis a sua terra. Dom Francisco Pizarro e Dom Diego de Almagro respondem que não hão de voltar.

(Folha 381) De como os espanhóis chegaram à cidade de Cajamarca e não se hospedaram na dita cidade, na ausência do dito Inca Atahualpa, e armaram seus toldos e se ordenaram como bravos animosos para investir; e naquele tempo não traziam cabelos, mas traziam colarinhos

---

3. *Mitayos*: trabalhadores forçados.

como todos; traziam bonés coloridos e calções chupados, jibão estufado e manga comprida e um capotinho com sua manga comprida quase à moda biscainha.

Sabendo Atahualpa Inca e os senhores chefes e capitães e os demais indígenas da fuga dos espanhóis, se espantaram de que os cristãos não dormissem. Dizia-se que velavam e que comia prata e ouro, eles como seus cavalos, e que trazia sandálias de prata. Dizia dos freios e ferraduras e das armas de ferro e de bonés coloridos.

E que de dia e de noite falavam cada um com seus papéis – *quilca*[4] – e que todos eram amortalhados, todo o rosto coberto de lã, e que aparecia somente os olhos e na cabeça trazia umas panelinhas colorido – *arimanca*[5] *suriuayta*[6] – que traziam as mantas penduradas atrás muito comprido por cima das espadas e que estavam vestidos de prata fina e que não tinha senhor maior. Que todos pareciam irmãos no traje e falar e conversar e comer e vestir e um rosto. Somente lhes pareceu que tinham um senhor maior com um rosto preto e dentes e olho branco que só este falava muito com todos. Ouvida esta nova notícia se espantou o dito Inca e disse: que nova me traz má mensagem. E assim ficaram espantados com a nova nunca ouvida e assim mandou Atahualpa Inca que lhe dessem serviços de mulheres a eles e a seus cavalos. Porque riram

---

4. *Qquellca*: papel, carta ou escritura.
5. Panela nova – provavelmente se referem aos capacetes.
6. Pena de avestruz.

da manta dos cristãos da espada, mandou matar Atahualpa Inca as indígenas que riram e tornou a dar outras indígenas de novo e serviços. Com tudo isso replicou muitíssimo que foram e tornaram e não houve remédio que oportunamente os cristãos haveriam de ver a majestade do Inca.

(Folha 383) Hernando Pizarro e Sebastián de Balcázar, de como esteve o dito Atahualpa Inca nos banhos, lá foram estes dois cavaleiros em cima de dois cavalos muito furiosos, ajaezados e armados, e levava muito guizo e penacho e os ditos cavaleiros armados começaram a apertar as pernas, correram muito furiosamente que foi desaparecendo e chegava muito ruído de guizo. Dizem que aquilo assustou o Inca e os indígenas que estavam nos ditos banhos de Cajamarca e, como nunca tinha visto, com o susto caiu em terra o dito Atahualpa Inca de cima do andor. Tendo corrido para eles, toda sua gente ficou espantada, assustada, cada qual se pôs a fugir porque tão grande animal corria e em cima uns homens nunca vista daquela maneira, andavam atrapalhados. Logo voltaram a correr outra vez e corriam mais contente e diziam: a Santa Maria, boa senha, ao senhor São Tiago, boa senha.

E assim tiveram boa senha e começar a batalha e fazer a guerra contra Atahualpa Inca. E assim chegou a seu irmão Dom Francisco Pizarro e disseram os cavaleiros: alvissaras, irmãos meus, já convenci e espantei os indígenas; será Deus servido que comecemos a batalha, porque todos se espantaram e deixaram na terra seu rei e cada um pôs-se em fuga, boa senha, boa senha.

O encontro em Cajamarca e a prisão de Atahualpa (folha 385)

Dom Francisco Pizarro e Dom Diego de Almagro e Frei Vicente da Ordem do Senhor São Francisco. Como Atahualpa Inca foi dos banhos até a cidade e corte de Cajamarca e chegado com Sua Majestade e cercado de seus capitães com muito mais gente, o dobro de 100 mil indígenas, na cidade de Cajamarca, na praça pública, no meio em seu trono e assento, degraus que tem (que) se chamam *usno*, se sentou Atahualpa Inca.

E logo começou Dom Francisco Pizarro e Dom Diego de Almagro a dizer-lhe com o intérprete, Felipe, indígena Guancabilca. Disse-lhe que era mensagem e embaixador de um grande senhor e que fosse seu amigo, que somente a isso vinha.

Respondeu muito atentamente ao que dizia Dom Francisco Pizarro e o que disse o intérprete, o indígena Felipe. Responde o Inca com majestade e disse que será a verdade que de tão longe vinham anunciar que acreditava que será grande senhor, mas não tinha que fazer amizade, que também era ele grande senhor em seu reino.

Depois dessa resposta, entra Frei Vicente, levando na mão direita uma cruz e na esquerda o breviário. E diz ao dito Atahualpa Inca que também é embaixador e mensageiro de outro senhor, mui grande amigo de Deus, e que fosse seu amigo e que adorasse a cruz e cresse no Evangelho de Deus e que não adorasse nada que tudo o resto era coisa de motejo.

Responde Atahualpa Inca e diz que não tem que adorar a nada senão o sol que nunca morre, nem seus *guacas*[7] e deuses (que) também têm em sua lei: aquilo guardava. E perguntou o dito Inca a Frei Vicente quem lhe havia dito.

Responde Frei Vicente que isso lhe havia dito o Evangelho, o livro. E disse Atahualpa: deem-me o livro para que me diga isso. E assim lhe deram o livro e o tomou nas mãos; começou a folhear as folhas do dito livro. E disse o dito Inca que, como não me disse nada, nem me fala a mim o dito livro, falando com grande majestade, sentado em seu trono, e arremessou o dito livro das mãos, o dito Inca Atahualpa.

Como Frei Vicente ordenou e disse: Acudam aqui, cavaleiros, estes indígenas gentios são contra nossa fé! E Dom Francisco Pizarro e Dom Diego de Almagro, por sua vez, ordenaram e disse: Ataquem, cavaleiros, estes infiéis são contra nossa cristandade e nosso imperador e rei; demos neles!

(Folha 386) E assim logo começaram os cavaleiros e dispararam seus arcabuzes e fizeram escaramuça e os ditos soldados começaram a matar indígenas como formiga e com espanto de arcabuzes e ruídos de guizos e das

---

7. *Huaca*: tudo o que se considera sagrado.

armas e via-se o primeiro homem jamais visto, e cheia de indígenas a praça de Cajamarca. Derrubou-se as paredes do cerco da praça de Cajamarca.

E se mataram entre eles, de apertar-se e pisar-se e tropeçar nos cavalos, morreram muitos dos indígenas que não se pôde contar. Do lado dos espanhóis morreram cinco pessoas, de sua vontade, porque nenhum indígena se atreveu, de espanto assombrado. Dizem que também estavam entre os indígenas mortos os ditos cinco espanhóis. Devem ter andado tantos como indígena, devem ter tropeçado os ditos cavaleiros.

E assim Dom Francisco Pizarro e Dom Diego de Almagro prendeu o dito Atahualpa Inca, de seu trono. Levou-o sem feri-lo e estava preso com algemas e guarda de espanhóis, junto do Capitão Dom Francisco Pizarro. Ficou muito triste e desconsolado e despojado de sua majestade, sentado no chão, privado de seu trono e reino.

De como houve alvoroço neste reino entre irmãos. O Rei Cápac Apo Huáscar, Inca legítimo, e seu irmão príncipe *Auqui* Atahualpa Inca, depois da morte de seu pai Guayna Cápac Inca, este dito alvoroço e guerra durou 36 anos. Desde menino o dito Huáscar foi muito soberbo e mísero e mal inclinado; pelo motivo mais fútil, mandava matar os ditos capitães. E assim fugiam dele. Depois nunca quis favorecer nenhum capitão nem soldado. Vês aqui como (não) quis favorecer nenhum capitão nem soldado. Vês aqui como perde com a soberba todo seu reino; sempre que seja rei ou capitão, se é soberbo, avarento, perderá seu reino e a vida como Huáscar Inca.

E foi Deus servido que neste tempo enviasse seu embaixador e mensagem o rei imperador a Dom Francisco Pizarro e a Dom Diego de Almagro, capitães.

Teve batalha o legítimo da parte de Cuzco, o bastardo da parte de Quito. Nesta batalha morreram muitos capitães e soldados e se perdeu muitíssima "*hacienda*" dos Incas e dos templos que até hoje ficaram escondidos em todo este reino e assim foi conquistado e não se defendeu.

Atahualpa paga seu resgate (folha 388)

Como o prenderam e, estando preso Atahualpa Inca, roubaram-lhe toda sua "*hacienda*" Dom Francisco Pizarro e Dom Diego de Almagro e todos os demais soldados e espanhóis. E tomaram toda a riqueza do templo do sol e de Curicancha e de Huanacauri: muitos milhões de ouro e prata, que não se pode contar, porque somente em Curicancha todas as paredes e a cobertura e solo e as janelas estavam coalhados de ouro.

E dizem que as pessoas que entram dentro, com o raio de ouro, parece defunto, na cor do ouro. E do Inca Atahualpa e de todos seus capitães e de senhores principais deste reino e os ditos andores de ouro e prata que pesavam mais de 20 mil marcos de ouro fino, o pranchão dos ditos andores e 20 mil marcos de prata fina, 1 milhão e 326 mil escudos de ouro finíssimo, lhes pagou seus serviços até resgatou sua mulher legítima, a rainha (*coya*). E como viu tão mau tratamento e dano e roubo, teve muito grande pena e tristeza em seu coração e chorou e não comeu. Como viu chorar a senhora rainha (*coya*), chorou e de sua parte houve grandes prantos na cidade dos indígenas.

Cantava desta maneira: "*Ray aragui aray araui sapra aucacho coya atihuanchic llazauanchicma coya suclla uanoson amatac acuyraq'ca cachuncho paracinam uequi payllamanta urmacam coya hinataccyia*"[8].

De como estando preso, conversava Atahualpa Inca com Dom Francisco Pizarro e Dom Diego de Almagro e com os demais espanhóis e jogava com eles o jogo de xadrez que eles lhes chamam Taptana. E era muito agradável príncipe e assim se contentava com os cristãos e dava sua "*hacienda*" e não sabia com que contentá-los e agradá-los.

De como estando preso Atahualpa Inca, todos os seus vassalos e indígenas e capitães e senhores grandes de seu reino o desampararam e não o serviram.

De como procurou resgatar sua fuga Atahualpa Inca com todos seus capitães e deu a Dom Francisco Pizarro e a Dom Diego de Almagro e a todos os soldados muito ouro, que uma casa assinalou, com sua própria espada a

---

8. "Um guerreiro perverso nos aprisionou, ó *Coya* (= rainha), saqueou-nos, Rainha, agora, morreremos; que nosso infortúnio não seja como uma chuva de lágrimas que por si só cai; assim teria que acontecer." (Versão feita por A. Posnansky.)

mediu Dom Francisco Pizarro, meia parede, que era de comprido oito braças e de largura quatro braças, enchido de ouro e o tomou Dom Francisco Pizarro e Dom Diego de Almagro, com todos os demais espanhóis o repartiram e mandaram toda a riqueza do despacho ao imperador, todos para a Espanha, cada um a seus parentes e amigos.

Atahualpa manda matar Huáscar (folha 389)

Como o Inca Atahualpa, estando preso, enviou seus embaixadores e capitães aos ditos capitães maiores Challcochima, Quisquis, incas, e outros capitães para que dessem guerra e batalha a seu irmão legítimo Huáscar Inca. E assim o venceu e prendeu o corpo de Huáscar Inca e a seguir o maltratou e lhe deu de comer milho *chuño*[9] podre e por coca lhe deu folhas de *chilca*[10] e por *lipta*[11] lhe deu imundície dos homens e esterco de carneiro malhado e por *chicha*[12] urinas de carneiro e por *fresada*[13] esteira e por mulher uma pedra comprida vestida de mulher. No lugar chamado Andamarca os canaris chachapoyas o mataram cantando "*poluya, poloya, uuiya, uuiya*", e mataram todos os *auquiconas* e *ñustas*[14]; às indígenas grávidas, abriam-lhes a barriga.

---

9. Enrugado, enxuto, seco.
10. Erva medicinal.
11. O mesmo que coca: folhas que os indígenas mastigam com uns pãezinhos feitos com cinza, chamados *lliptta* (nota de Posnansky).
12. *Chicha*: bebida alcoólica indígena.
13. Iguaria feita de farinha, manteiga e leite.
14. Príncipes e princesas, seus irmãos e parentes.

Tudo fez para terminar e acabar com o dito Huáscar Inca, com toda sua geração, para que não houvesse legítimos Incas, porque haviam perguntado os cristãos a respeito do legítimo Inca e assim o mandou matar.

De como em tempo de oposição entre os dois irmãos Huáscar Inca e Atahualpa Inca e de surgir novo homem nunca visto, que foram espanhóis, se perdeu muitíssima *"hacienda"* do sol e da lua e das estrelas e dos deuses guacabilcas, templos de Curicancha do Inca e das virgens *acllas*[15] e dos pontífices e dos indígenas comuns, porque cada coisa estavam assinalando em todo o reino que não se pode contar tanto.

De como os indígenas andavam perdidos de seus deuses e *huacas*[16] e de seus reis e de seus senhores grandes capitães neste tempo da conquista, nem havia Deus dos cristãos, nem rei da Espanha, nem havia justiça. Assim deram para roubar e furtar aos espanhóis como Challcochima, Quisquis, Auapanti, Ruminaui e outros muitos capitães e os indígenas canaris e chachapoyas huancas andavam roubando e assaltando e perdidos, feitos *yanaconas*[17]; a partir daí começaram os *yanaconas* a ser velhacos e ladrões e assim houve muitíssima fome e alvoroço e morreu muita gente e revolta em todo o reino, "dá cá ouro e toma ouro".

---

15. Virgem destinada ao culto do sol ou ao serviço do monarca no Império Inca.
16. Templo de ídolos.
17. *Yanaconas*: criados ou domésticos que então se rebelaram.

Morte de Atahualpa (folha 391)

De como havia pronunciado um auto e sentença Dom Francisco Pizarro de cortar a cabeça de Atahualpa Inca, não quis firmar Dom Diego de Almagro, nem os demais, a dita sentença porque dava (já havia dado) toda a riqueza de ouro e prata, e o sentenciou. Todos disseram que o despachasse preso ao imperador, que lá restituísse toda a riqueza deste reino.

Atahualpa Inca foi degolado e sentenciado e mandou cortar-lhe a cabeça Dom Francisco Pizarro e o notifica com um intérprete indígena, natural de Guancabilca. Este dito intérprete informou mal a Dom Francisco Pizarro e aos demais: não gostou da dita sentença e não lhe deu a entender a justiça que Atahualpa Inca pedia, e o perdão, por ter se enamorado da rainha (*coya*), mulher legítima. E assim deu motivo para que matassem e cortassem a cabeça de Atahualpa Inca. E morreu mártir, cristianissimamente; na cidade de Cajamarca acabou sua vida.

Como veio a mando de Dom Francisco Pizarro e Dom Diego de Almagro e de seus generais dois espanhóis prender os corpos dos ditos capitães Chalcochima, Quisquis e o prendeu e fez justiça em Jauja os pendurou nuns paus e morreu Chaicochima e os demais capitães fugiram Quisquis, Quizoyupanqui e Ruminaui, Auapanti Huanca Auqui Collatupa.

De como todas as riquezas que guardava escondidas, ouro e prata, joias e pedras preciosas enviou ao imperador e rei católico de Espanha, Dom Francisco Pizarro e Dom Diego de Almagro e os demais soldados toda a riqueza e *huaca* e do sol, tudo quanto puderam recolher. E enviaram cada um deles para suas casas e para suas mulheres e filhos e parentes deste reino e de Castela. Com a cobiça embarcaram muitos sacerdotes e espanhóis e senhoras, mercadores, para o Peru, tudo foi Peru e mais Peru, Índias e mais Índias, ouro e prata deste reino.

Chegam mais espanhóis

De como por causa da riqueza enviou o imperador governadores e ouvidores presidentes e bispos e sacerdotes e frades e espanhóis e senhoras. Tudo era dizer Peru e mais Peru. Com os 160 espanhóis e um negro congo aumentou muita gente de espanhóis e mercadores e resgatadores e vendedores ambulantes e muitos morenos, agora multiplica muito mais que indígenas mestiços, filho de sacerdotes, ouro e prata no Peru. Vês aqui como o imperador vai se perdendo por causa da soberba, como um cavaleiro pôde sentenciar contra seu rei e se não o matasse toda a riqueza fora do imperador e se descobrisse todas as minas...

(Folha 395) Como os espanhóis se espalharam por todas as partes da terra deste reino, dois a dois, e alguns sozinhos, com sua gente há *yanaconas* indígenas buscando cada um suas vantagens e buscavam seus remédios, fazendo muito grandes males e danos aos indígenas, pedindo-lhes ouro e prata, tirando-lhes suas vestes e comida e os quais se espantaram por ver gente nova nunca vista e assim se escondiam e fugiam dos cristãos.

Como os primeiros conquistadores traziam outro traje por medo do frio, colete e bonés coloridos, uns calções chupados e sem colarinho como clérigo e traziam mantas compridas, casaco curto, capote curto, assim também as ditas mulheres, como usaram os antigos indígenas, umas camisolas compridas, manta curta, e depois vão preparando e limpando terra em muito mais neste reino.

Como os primeiros espanhóis foram *chapetones*[18], também os ditos indígenas não se entendiam um ao outro, pedindo água traziam lenha, dizendo: anda, puto; traziam cobre e cabaça, porque, anda, é cobre, puto, cabaça. E alguns indígenas se faziam ladinos. Os *yanaconas* diziam: "*oveja, chincando, pacat tura buscando mana tarichos Huiracocha*"[19]. Como os mestiços de Cuzco e de Xacxauana e de Conchacalla dizia: "*Ya, señor, señora, parauyando, capón asando, todo comiendo, mi madre pariba, yo agora mirando, chapin de la mula*". E, assim, uns e outros passaram grandes trabalhos, tanto os indígenas como os cristãos, e nos gorjais diziam: "Anda, puto". Dizia os indígenas: "*Puta, sapi hile y haccha, puto, sapi hila*"[20].

---

18. *Chapetones*: europeus recém-chegados à América.
19. Segundo Posnansky, trata-se de uma gíria do castelhano e quéchua: "Dia e noite buscando, não a encontrei, senhor".
20. Segundo Posnansky, esta frase pode ser traduzida literalmente das seguintes maneiras: "Puta sozinha sobra e grande puta sozinha sobra";

Como depois de haver conquistado e de haver roubado começaram a tomar as mulheres e donzelas e estuprá-las e, não querendo, matavam como a cachorros e castigava sem temor de Deus nem da justiça. Não havia justiça.

Como os primeiros espanhóis conquistaram a terra com só duas palavras que aprenderam; diziam: "*ama mancha, noca Inca*", "que não tenha medo, que ele era Inca"; dizia aos indígenas e estes fugiam deles por temor; e não se conquistou com armas nem derramamento de sangue, nem trabalho. E os *canaris* e *chachapoyas* e *yanaconas* se puseram a roubar e furtar com os ditos espanhóis. Não começaram a servir Sua Majestade. Dizem que um espanhol com a cobiça do ouro e prata mandou que o levassem num andor e pôs orelhas postiças e traje do Inca. Entrava em cada povoação pedindo ouro e prata. Como viam Inca barbudo se espantavam e mais se punham a fugir os indígenas, muito mais as mulheres deste reino.

Mais humilhações (folha 397)

Dom Francisco e Dom Diego de Almagro e os demais cristãos decidiram prender o Exmo. Senhor Cápac Apo Huamanchaua, segunda pessoa do Inca, que estava vivo, muito velho e os demais grandes senhores. Prenderam-no pedindo-lhe ouro e prata interessados e cobiçosos em ouro e prata estes ditos conquistadores. Ateou-lhe fogo e

---

ou ainda, "grande puta, puta abandonada"; ou "ninho sozinho sobra e ninho órfão sozinho sobra".

queimou, acabou sua vida; também matou os ditos Incas e todos os senhores grandes e capitães generais e os principais de cada província deste reino com vários tormentos, pedindo-lhe ouro e prata. E trazia presos e o castigava muito cruelmente preso com cadeia de ferro e de couro de vaca torcido e "*cuellos*" da vaca. Dizem que usava grilhões de vaca e algemas do mesmo couro para manter presos os ditos indígenas deste reino. E assim muitos senhores principais, com medo do tormento, disseram que eram indígenas pobres para que não lhes atormentasse e padecesse trabalho neste reino.

Como no tempo dos Incas havia salteadores chamados *pomaranra* e o capitão deles se chamava Chuquiaquilla Inca. Andava nas quebradas profundas e pedreiras e barrancos de rocha, chamado *pumaranra*, e assaltava pelos caminhos reais. Estes ditos indígenas ariscos, estes ditos salteadores *pomaranra* no tempo da conquista se fizeram *yanaconas* dos ditos espanhóis e assaltavam muito mais melhor e roubava os pobres indígenas; e depois se detiveram nas cidades como *yanaconas*. Hoje existem *yanaconas* em Quito de Huánuco e de Lima, Huamanga, Cuzco, Arequipa, Potosí Chuquisaca; nas cidades são indígenas tributários, peiteiros do rei neste reino.

Reinado de Manco Inca II (folha 399)

Manco Inca foi elevado a rei pelos ditos capitães e conselheiros deste reino: Quisquis Inca, Auapanti, Amarouanca, Auqui ylla topa, Collatopa Curinauri Yuto Inga, Yucra Huallpa. Estes ditos capitães foram incas Hanancuzco e Lurincuzco, Colla aymara, Chuquillanqui Supaguaman, Chuuituaman Chanbimallco, Apomallco Castillapari, Apomollo Condorchaua, Cullic Chaua Cucichaqui Huayanay: os conselheiros o elevaram devido à morte de Cápac Apo Huamanchaua, segunda pessoa do Inca, por ser mui antigo senhor do reino, porque o queimaram e o mataram Dom Francisco Pizarro e Dom Diego de Almagro e os demais espanhóis.

Levantou-se (Manco Inca) contra eles pelos maus tratamentos e motejos com que se zombavam do Inca e dos demais senhores deste reino. À sua vista tomavam suas mulheres e filhas e donzelas com suas más intenções e com pouco temor de Deus e da justiça e dos quais recebiam outras ofensas que faziam aos indígenas. E assim se defendeu e os cercou com grande quantidade de indígenas que não se podia contar, senão que se entenderá 100 mil milhões de indígenas que havia chegado deste reino. E todos os haviam unido aos ditos soldados cristãos pediam misericórdia ajoelhados e chamavam a Deus com lágrimas e aos gritos e a Virgem Maria e a seus santos e diziam gritando: Senhor São Tiago, valha-me São Tiago, Santa Maria, valha-me Santa Maria, nos ajude Deus. Isso diziam com alta voz os cavaleiros na escaramuça, dizendo, São Tiago, os soldados no medo ajoelhados, dizendo Santa Maria de mãos postas.

O pessoal de Manco II ataca os espanhóis em Cuzco (folha 401)

Pôs fogo na casa do Inca chamado Cuyusmanco, a qual os cristãos utilizavam como templo de Deus e pôs no teto e no altar da Santa Cruz. Primeiro os indígenas colocaram fogo nas ditas moradas dos cristãos e as queimaram, ficando cercados os cristãos, toda a morada até o galpão e o palácio que foi do Inca, o dito Cuyusmanco, onde está a igreja maior da cidade de Cuzco. Dizem que o fogo ateado na dita casa voava para o alto e não se queria queimar a dita casa de nenhuma maneira; que eles se espantaram como o fogo que não queria chegar à Santa Cruz; que foi milagre de Deus Nosso Senhor nesse tempo; era sinal de Deus que a Santa Igreja já estava estabelecida no reino.

Logo naquela hora Deus fez outro milagre quando estavam cercados os cristãos na praça de Cuzco e fazendo a oração, ajoelhados gritando e chamando a Deus e a Virgem Maria e a todos seus santos e santas anjos e dizia, valha-me a Virgem Maria. Mãe de Deus fez outro milagre muito grande. Milagre da Mãe de Deus neste reino, presenciado pessoalmente pelos indígenas deste reino, que o declaram e disso dão fé, como naquele tempo não havia nenhuma senhora em todo o reino, nem jamais o haviam visto nem conhecido, senão a primeira senhora conhecida foi a Virgem Maria.

(Folha 403) O Senhor São Tiago Maior da Galícia, apóstolo em Jesus Cristo, nesta hora que estava cercado os cristãos fez outro milagre na cidade de Cuzco. Dizem que viram pessoalmente o Senhor São Tiago baixar. Com um trovão, muito grande como raio, caiu do céu à fortaleza do Inca chamado Sacsaguamán, que é *pucara* (fortaleza) do Inca, acima de São Cristóvão. E caindo na terra se espantaram os indígenas e disseram que havia caído, *yllapa* trovão e raio do céu, *caccha* dos cristãos, favor dos cristãos. E assim desceu o Senhor São Tiago para defender os cristãos. Dizem que veio em cima de um cavalo branco, que trazia o dito cavalo pluma *suri* e muito guizo ajaezado e o santo todo armado com seu escudo e sua bandeira e seu manto colorido e sua espada desembainhada; e que vinha com grande destruição e havia matado muitíssimos indígenas e desbaratou todo o cerco dos indígenas aos cristãos que Manco Inca havia ordenado. E que levava o santo muito ruído e dele se espantaram os indígenas.

Diante disso lançou-se em fuga Manco Inca e os demais capitães e indígenas e foram ao povoado de Tambo com seus capitães e demais indígenas, os que puderam. E desde então os indígenas chama o raio e lhe diz São Tiago, porque o santo caiu na terra como raio, *yllapa*, São Tiago. Como os cristãos gritavam, dizendo, São Tiago, e assim o ouviram os indígenas infiéis e viram o santo cair na terra como raio e assim os indígenas são testemunhas oculares do senhor São Tiago. E se deve guardar esta dita festa do senhor São Tiago neste reino como Páscoa porque do milagre de Deus e do senhor São Tiago se lucrou.

Manco II se retira para Vilcabamba (folha 406)

Como foi desbaratado Manco Inca pelo senhor São Tiago dos cristãos e como se espantou e foi fugindo com seus capitães e levou muitos indígenas ao povoado de Tambo. Ali edificou muitas casas e corredores e organizou muitas *chacras*[21] e mandou retratar o dito Manco Inca e suas armas em um rochedo grandíssimo para que fosse lembrado. E como não pôde ali residir no dito povoado de Tambo, dali se retirou mais para dentro da montanha de Vilcabamba com os demais capitães e levou indígenas e sua mulher, a rainha, e deixou o reino e a coroa *mascapaycha* e *chambí* ao senhor imperador e rei nosso senhor, Dom Carlos, de gloriosa memória que está no céu e a seu filho Dom Felipe, o segundo, que está no céu e a seu filho Dom Felipe, o terceiro...

O Capitão Quisquis revoltou-se outra vez depois de Manco Inca contra o Inca Paullo Topa, filho bastardo de Guayna Cápac Inca, e se defendeu dos espanhóis; se bem que depois começasse a servir e ajudar, mas não de todo coração. E nele houve sempre suspeita, até que morreu e morreu muito cristianissimamente na cidade de Cuzco e deixou a seu filho, Dom Melchor Carlos Paullotopa Inca.

---

21. *Chacras*: sementeiras.

Este dito Capitão Quisquis sempre perseguia os cristãos e, por causa de seus pecados, não teve paz com os cristãos; e assim o mataram seus próprios capitães indígenas que tinha ao seu lado. Morreu em Cuzco e deixou a outros capitães seu cargo neste reino.

De como Manco Inca foi fazendo caminho montanha adentro de Vilcabamba, não estando seguro no povoado de Tambo com alguns capitães, Curipaucar, Manacutana, Atoc, Rumisonco. E levou indígenas de diferentes castas e foi fazendo caminho mais adentro e chegou a um rio grande e fizeram ponte de cordas e passaram a outra banda e chegou ao vale chamado Huilcapampa.

O novo Estado inca (folha 407)

E fundou e edificou outra cidade de Cuzco e edificou seu templo de Curicancha, que o armou e fundou, e mui poucas pessoas indígenas de diferentes castas e de *ayllos* de indígenas na cidade de Vilcabamba e sem *chacras* e sementeiras e gado e ficou mui pobre em Vilcabamba.

De como os capitães de Manco Inca, por sua ordem, assaltavam no caminho de Aporima, caminho real de Cuzco a Lima, os espanhóis e os indígenas cristãos subordinados ao rei que passavam com bestas de carga e gado e mercadores e matava e roubava a fazenda e roupa; e tudo roubava e levava presos os indígenas cristãos. E assim, desta maneira, estiveram muitos anos assaltando no dito povoado de Vilcabamba com sua mulher e filhas o dito Manco Inca.

Como um mestiço chamado Diego Méndez entrava na cidade de Vilcabamba com seu embuste e mentira ao Inca Manco Inca, avisava este dito mestiço ao dito Inca quando saíam as bestas de carga do rei ou de algum espanhol rico para que Manco Inca assaltasse no caminho real; e assim sempre assaltava e fazia muito grandes danos aos cristãos por aquele caminho. E assim, uma vez, estando bêbado Manco Inca e Diego Méndez mestiço, os dois bêbados, começaram a discutir, o matou e lhe deu punhaladas e o dito mestiço deixou morto o dito Manco Inca. E os capitães mataram o dito mestiço e deixou por herdeiro o Inca Sayre Topa Yamuuarca Coya e morreu em Cuzco e ficou Tupa Amara Inca...

O Vice-Rei Toledo decide capturar Túpac Amaru (folha 445)

... e assim foi à cidade de Cuzco e em Cuzco se exercitou e fez soldados para a cidade de Vilcabamba. Armaram-se contra Topa Amaro Inca e seus capitães, Curipaucar, Manacutana. Para exercitar-se subiu em sua égua fogosa na praça do hospital de Cuzco com os soldados e capitães e pôs muita ordem e muitas armas e arcabuzes e estava feita uma montanha com muitos micos e macacos e *guacamayas* e papagaios e outros pássaros e leões e raposas e veados. E dentro da montanha muitos indígenas com suas fundas lanças e Guayllaquipa Antara, um Inca não natural, em seu andor, atirando contra Dom Francisco de Toledo.

Deram batalha ao Inca e prende o dito Inca, desbaratando os indígenas e foi ordem e semelhança que foi feita para a batalha. E não foi nada nem se defendeu, antes fugiu o dito Inca, por ser moço e não saber nada, e foi preso junto ao rio, sozinho, sem indígenas...

Prisão e morte de Túpac Amaru (folha 451)

Como Dom Francisco de Toledo se irritou muitíssimo contra Topa Amaro Inca porque haviam informado que o Inca era moço, e com razão, quando mandou chamá-lo, disse que não queria ir a um mordomo de um senhor Inca como ele. E disto houve ódio e sentenciou à morte, de irritação contra o Inca. E dá a sentença que fosse cortada a cabeça de Topa Amaro Inca. Ó cristão soberbo, que haveis feito perder a *"hacienda"* de Sua Majestade dos milhões que dava à cidade e os tesouros escondidos de seus antepassados e de todas as minas e riquezas, perdido Sua Majestade, por querer fazer-se mais senhor e rei Dom Francisco de Toledo! Não sejais como ele.

(Folha 452) Foi degolado Topa Amaro Inca pela sentença que deu Dom Francisco de Toledo. Deu a sentença ao infante rei Inca e morreu batizado cristãmente com a idade de 15 anos. E da morte choraram todas as senhoras principais e os indígenas deste reino e fez grandíssimo pranto toda a cidade e dobraram todos os sinos e ao enterro saiu toda a gente principal e senhoras e os indígenas principais e os clérigos e o enterraram na igreja maior da cidade de Cuzco. Então terminou Dom Francisco de Toledo.

Antes que fosse degolado, Topa Amaro Inca pediu que anulassem a dita sentença e lhe desse vida, que queria ser escravo de Sua Majestade, ou que daria muitos milhões de ouro, prata, tesouros escondidos de seus antepassados, ou que mostraria muitas minas e riquezas e que serviria toda sua vida. Não houve remédio e foi sentenciado e executado a cortar a cabeça do infante Topa Amaro Inca.

Veja, cristão, esta soberba e além da lei de dano que fez em serviço de Deus e de Sua Majestade, de Dom Francisco de Toledo, como pode sentenciar a morte o rei, nem o principal, nem o duque, nem o conde, nem o marquês, nem o cavaleiro, um criado seu pobre cavaleiro. Isto se chama ensoberbecer-se e querer ser mais que o rei destes ditos cavaleiros. Só com seu poder tem de conhecer sua causa e sentença o rei, com sua pessoa própria, nem pode conhecer a dita causa seu vice-rei, nem sua audiência real, senão entregar-lhe às suas mãos, para que, como senhor e poderoso, o perdoe ou sentencie a seu vassalo maior de todo universo mundo. Isto é a lei.

2 Relato de Titu Cusi Yupanqui

Titu Cusi Yupanqui, filho de Manco II, ocupou o trono inca em Vilcabamba de 1557 a 1570. Em princípios deste último ano, como já se disse na introdução, ditou a Frei Marcos Garcia, que havia chegado para o catequizar, um interessante "Relato de como os espanhóis entraram no Peru e o sucesso que teve Manco Inca no tempo em que viveu entre eles". Este memorial era dirigido a Lope Garcia de Castro, "governador dos reinos do Peru", antes da vinda do vice-rei Toledo. Titu Cusi relata nele as humilhações e ofensas ao seu povo, em especial as recebidas pelo seu pai Manco II, e pede a García de Castro que faça chegar suas queixas até Felipe II, em cuja justiça diz ter confiança.

Mesmo que seja possível supor que neste memorial ditado pelo Inca teve também alguma participação o agostiniano Frei Marcos Garcia, parece incontestável que a maior parte do texto é reflexo fiel do pensamento do Inca. Apesar das evidentes inexatidões históricas em que incorre Titu Cusi e também do sentido em boa parte tendencioso de seu relato, já que nele se faz passar por filho legítimo de Manco II e chega a afirmar, inclusive, que era este que por direito governava o Estado inca na ocasião da chegada dos espanhóis, não se pode negar que seu testemunho é valioso e eloquente. Isto se verifica principalmente no que se refere aos contatos posteriores que Manco II teve com os espanhóis e aos reiterados propósitos dos "huiracochas" em submeter os que haviam se refugiado em Vilcabamba. Transcreve-se a seguir, com ortografia modernizada, algumas das passagens mais interessantes deste memorial.

Descrição dos conquistadores

Diziam que haviam visto chegar em sua terra certas pessoas muito diferentes de nosso costume e vestuário, que pareciam *viracochas*, que é o nome pelo qual antigamente denominamos o criador de todas as coisas, dizendo Tecsi Huiracochan, que quer dizer princípio e autor de todos; e denominamos desta maneira aquelas pessoas que haviam visto, primeiro porque se diferenciavam muito do nosso traje e semblante, depois porque viram que andavam em uns animais muito grandes, os quais tinham os pés de prata: e diziam isto por causa do reluzir das ferraduras.

E assim os chamavam também porque os viram falar sozinhos em uns panos brancos como uma pessoa falava com outra, e isto era porque liam livros e cartas; e ainda os chamavam *huiracochas* devido à excelência e aparência de suas pessoas e muita diferença entre uns e outros, porque uns eram de barbas negras e outros de barbas vermelhas e porque os viam comer em prata; e também porque tinham *yllapas*, nome que nós temos para os trovões, e isto diziam por causa dos arcabuzes, porque pensavam que eram trovões do céu[22]...

A prisão de Atahualpa em Cajamarca

Desde que aquela praça esteve cercada e os indígenas todos dentro como ovelhas, os quais eram muitos e não

---

22. Extraído da edição de Urteaga e Romero (cf. YUPANQUI, 1916, p. 8-9).

podiam se dirigir a nenhuma parte, tampouco tinham armas, porque não as tinham trazido, devido ao pouco caso que fizeram dos espanhóis, senão laços e *tumes*, como disse acima. Os espanhóis se lançaram com grande fúria ao meio da praça, onde estava um assento do Inca no alto, à maneira de fortaleza, que nós chamamos *usnu*, os quais se apoderaram dele e não deixaram lá subir meu tio (Atahualpa), antes, porém, ao pé dele o derrubaram de seu andor por força, e o viraram, e tomaram o que continha e a borla, que entre nós é coroa.

E tomado tudo, o prenderam; e porque os indígenas gritavam, mataram a todos com os cavalos, com espadas, com arcabuzes, como quem mata ovelhas, sem fazer-lhes nenhuma resistência; de mais de 10 mil, não escaparam 200. E assim que todos foram mortos, levaram meu tio a um cárcere, onde o prenderam toda uma noite, em couros, atada uma cadeia ao pescoço[23]...

Palavras aos espanhóis de alguns capitães do Inca

"Por que vós andais aqui com nosso Inca de cá para lá todo dia, hoje prendendo-o, amanhã molestando-o e outro dia escarnecendo-o? O que vos fez este homem? Assim lhe pagais o favor que vos fez em vos acolher em sua terra contra nossa vontade? O que quereis dele, o que mais vos pode fazer além do que fez? Não vos deixou entrar em sua

---

23. YUPANQUI (1916, p.11-12).

terra com toda a paz e sossego e com muita honra? Não vos mandou chamar a Cajamarca? Aos mensageiros que vós lhe enviastes, não vos enviou muito honrados com muita prata e ouro e com muita gente? Não foram e vieram em redes, carregados às costas de nossa gente?

Em Cajamarca não tomastes duas casas de ouro e prata que lhe pertenciam, e mais o que vos deu Atahualpa, que tudo era de meu Inca, e o que ele vos enviou daqui para Cajamarca, não foi grande quantidade de ouro e prata? De Cajamarca a este povoado, ao longo das 130 léguas que há de caminho de lá até aqui, não vos deram todo o bom tratamento, dando-vos muitos refrescos e gente que vos trouxesse? Ele mesmo não saiu para vos receber no caminho seis léguas daqui, em Xaquixaguana? Em vosso respeito não queimou a pessoa principal que tinha em toda sua terra, que foi Challcochima, assim que chegastes aqui? Não vos deu casas e assentos, e criados e mulheres, e sementeiras? Não chamou toda sua gente para que vos pagasse tributos? Não vos pagaram tributos? Sim, naturalmente.

Outro dia, quando o prendestes, não vos deu uma casa, cheia de ouro e prata a fim de redimir sua humilhação? A nós, os principiais, e a toda a gente, não tendes tirado nossas mulheres e filhos e filhas? E diante de tudo calamos porque ele assim o quer e a fim de não lhe dar punição. Nossa gente não vos serve chegando mesmo a limpar com suas capas a imundície dos cavalos e de vossas casas? O que mais quereis? Todas as vezes que haveis dito dá-me ouro, dá-me prata, junto isto, junta aquilo, não o fez sempre até vos dar seus próprios criados que vos sirvam? O que mais pedis a este homem? Vós não o enganastes dizendo que vínheis através do vento a mando de Huiracocha, que éreis seus filhos e dizíeis que vínheis para servir ao Inca, lhe querer muito, a tratá-lo como a vossas próprias pessoas e a toda a sua gente?

Vós bem sabeis, e o vedes se quiserdes ver atentamente, que em tudo haveis faltado e que em vez de tratá-lo como anunciastes no início, o haveis molestado demasiadamente, sem que ele mereça, nem vos ter dado a menor ocasião do mundo. De onde pensais que irá tirar tanto ouro e prata como vós pedis, pois vos tem dado ao ponto de até tirar de nós nossas joias, tudo quanto em sua terra tinha? O que pensais que vos há de dar agora pela prisão em que o tendes preso? De onde irá tirar o que pedis, do nada, se não tem o que vos dar? Toda a gente desta terra está de tal maneira escandalizada e amedrontada de ver vossas coisas que já não sabem o que dizer nem aonde ir porque, em primeiro lugar, se veem sem seu rei; em segundo lugar porque se veem sem suas mulheres, seus filhos, suas casas, suas *"haciendas"*, suas terras; finalmente, de tudo quanto possuíam, de maneira que estão em tanta tribulação que não lhes resta senão enforcar-se ou lançar-se na desgraça, e ainda me têm dito isto muitas vezes.

Portanto, senhores, a mim me parece que o mais certo seria deixar descansar meu Sapai Inca, pois por vossa causa está com tanta necessidade, e desgosto, e o libertar da prisão em que está, a fim de que estes seus indígenas não permaneçam em tanta aflição"[24].

3 Breve relato da conquista, segundo Juan de Santa Cruz Pachacuti Yamqui Salcamayhua

Da obra de Santa Cruz Pachacuti, Relación de antigüedades deste Reino del Pirú, *tomamos a parte final em que seu autor dá sua própria visão da conquista. Transparece através dela sua pouca simpatia por Atahualpa, de quem afirma que se fez "falso triste" ao saber que tinha sido cumprida sua ordem de matar Huáscar.*

E depois disto, em poucos dias, chegou a notícia de que os espanhóis tinham desembarcado e saltado em Túmbez. Diante desta notícia, todos ficaram atônitos; e, então, por conselho do dito Quisquis, se esconde grande abundância de riqueza sob a terra. E diz ainda que por ordem do dito Huáscar Inca, antes que tivesse havido guerras e batalhas, esconderam uma maroma de ouro e três mil cargas de ouro e outras tantas ou mais de prata até em Condessuyo[25]. Por fim, o mesmo foi feito com todos os *cumbis* e ricos vestuários de ouro.

Neste tempo, um fulano de Barco e Candia chega a Cuzco, sem se encontrar com Huáscar Inca. E neste tempo, dizem que também prendeu a Challcochima e o Huáscar Inca já se aproximava de Cajamarca.

---

24. YUPANQUI (1916, p. 48-50).
25. El Contisuyu: região ocidental do império.

E neste tempo, Francisco Pizarro prende Topa Atahualpa Inca, em Cajamarca, em meio a um grande número de indígenas, arrebatando-lhes, depois que falou com o Padre Frei Vicente de Valverde, e onde os ditos indígenas, cerca de 12 mil, foram mortos, sobrando muito poucos. E por eles entenderam que era o próprio Pachayachachi Huiracochan ou seus mensageiros, e estes os deixaram; e, depois, como atirou com as peças de artilharia e arcabuzes, creram que era Huiracocha; e como pelos indígenas foram avisados que eram mensageiros, assim mão alguma os tocou.

Por fim, Atahualpa fica preso no cárcere. E ali canta o galo, e Atahualpa Inca diz: "Até as aves sabem meu nome de Atahualpa". E assim, desde então, os espanhóis foram chamados de *huiracocha*. E isto se deu porque os espanhóis desde Cajamarca avisaram ao Atahualpa Inca, dizendo que traziam a lei de Deus, autor do céu, e assim chamou aos espanhóis de *huiracocha* e ao galo Atahualpa.

Por fim, como digo, o dito Atahualpa, estando preso, despacha mensageiros até Antamarca, para que acabasse de matar Huáscar Inca e, depois de ter enviado, se faz falso triste, dando a entender ao Capitão Pizarro. Por fim, por ordem do dito Atahualpa Inca, mataram Huáscar Inca em Antamarca e também seu filho, mulher e mãe, com grande crueldade. E pelo marquês sabe todas estas coisas, devido a queixas e acusações dos *curacas*[26] ofen-

---

26. *Curaca*: chefe de uma facção.

didos. Por fim, foi batizado e lhe deram o nome de Dom Francisco. E depois foi justiçado o dito Atahualpa Inca como traidor.

E depois, o Capitão Francisco Pizarro parte juntamente com o Padre Frei Vicente para Cuzco, e então trouxe um filho bastardo de Huayna Cápac como Inca, e o qual falece no Vale de Jauja. E dali chega o dito Capitão Francisco Pizarro com seus 60 ou 70 homens espanhóis à ponte de Aporina, aonde tinha vindo Manco Inca Yupanqui, com todos os *orejones*[27] e *curacas* para prestar obediência e fazer-se cristão.

Por fim, todos ali se reuniram pelo bem da paz, adorando a cruz de Jesus Cristo nosso senhor, oferecendo-se como vassalos do Imperador Dom Carlos. E dali chegaram a Villcaconga, onde os *apocuracas*[28] e *orejones*, alegres e contentes, fizeram escaramuças. Por fim, naquele dia chegaram a Saquixaguana, onde, no dia seguinte, o Padre Frei Vicente com o Capitão Francisco Pizarro disseram a Manco Inca Yupanqui que queriam vê-lo vestido de Huayna Cápac Inca, seu pai. O qual aparece e, visto pelo Capitão Pizarro e Frei Vicente, lhes diz que vestiu aquela roupa mais rica. Por fim, o próprio Pizarro se vestiu em nome do imperador.

---

27. *Orejones*: nobres que, depois de perfurar as orelhas, dilatando-as por meio de uma rodela, ingressavam num corpo privilegiado e podiam aspirar aos primeiros postos no império.
28. *Apocuracas*: chefes principais.

Por fim, o dito Pizarro e os demais partem para Cuzco, e Manco Inca Yupanqui, em suas liteiras. Por fim, os espanhóis e *curacas* vieram com muita ordem, e o Inca com o padre e Capitão Francisco Pizarro, que depois de muito tempo se chamou Dom Francisco Pizarro.

Como digo, todos vieram a Cuzco, e junto ao povoado de Anta depararam com Quisquis, capitão tirano do dito Atahualpa Inca. Por fim, lhes deu batalha todos os *orejones* com os espanhóis. E assim, se foram até Capi; e o marquês com o Inca, em companhia do santo Evangelho de Jesus Cristo Nosso Senhor, entraram com grande aparato real e pompa de grande majestade. E o marquês, com suas cãs e barbas largas, representava a pessoa do Imperador Carlos V e o Padre Frei Vicente, com sua mitra e capa, representava a pessoa de São Pedro, pontífice romano, não como Santo Tomás, feito pobre. E o dito Inca com seu andor de ricas plumagens, com a veste mais rica, com seu *suntorpaucar*[29] na mão, como rei são suas insígnias reais de *capac unancha*, e os naturais sentem grande alegria, como também os espanhóis.

Por fim, o dito Frei Vicente vai direto a Coricancha, casa construída pelos Incas antigos ao criador. Por fim, a lei de Deus e seu santo Evangelho tão desejado tomou posse da nova vinha, que estava tanto tempo usurpada pelos inimigos antigos.

---

29. *Suntorpaucar*: flor redonda.

E ali prega em todo o tempo como outro Santo Tomás, o apóstolo, patrono deste reino, sem descansar, com o zelo de ganhar almas, fazendo-os converter-se, batizando os *curacas* apenas com hissopes. Porque não puderam jogar água em cada um, que se houvesse sabido a língua teria sido muita sua diligência, falava mais por intérprete. Não estava desocupado como os sacerdotes de agora; nem os espanhóis naquele ano se sujeitavam a interesse como agora. O que é chamar a Deus, até havia muita devoção nos espanhóis e os naturais eram exortados com bons exemplos[30].

4 Manco II pede o restabelecimento do seu poder como Inca

Somente para dar um exemplo da forma como Garcilaso de la Vega apresenta os fatos da conquista, transcrevemos aqui passagem da Segunda Parte dos Comentarios reales, *em que aparece Manco Inca falando aos seus próprios capitães para fazê-los ver a necessidade de exigir dos espanhóis que se restabelecesse a antiga forma de governo. Como já se falou da Introdução, o testemunho de Garcilaso, criticado inúmeras vezes sob o ponto de vista histórico, só parcialmente pode ser considerado dentro desta "Memória quéchua da conquista". De qualquer maneira,*

---

30. Extraído da *Relación de Antigüedades deste Reyno del Pirú*, de Dom Juan de Santa Cruz Pachacuti Yamqui Salcamayhua (cf. PACHACUTI YAMQUI SALCAMAYGUA, 1879).

sua obra constitui a primeira versão, ao menos até certo ponto vinculada ao mundo indígena, a qual se conheceu e difundiu ao ser publicada em princípios do século XVII no Velho Mundo.

Manco Inca, com os conselhos que seu irmão Titu Atauchi e o mestre de campo Quizquiz lhe deram, se dispôs, como anteriormente dissemos, a ir visitar o governador e pedir-lhe o restabelecimento de seu império e o cumprimento dos demais capítulos que seu irmão e todos os capitães principais do reino haviam ordenado.

Reuniu-se em conselho com os seus uma e duas e mais vezes, sobre como iria, se acompanhado de gente de guerra ou de paz. Sobre isso tiveram dúvidas os conselheiros, pois umas vezes lhes parecia melhor uma coisa e outras vezes outra; mas quase sempre achavam que fosse protegido por um exército poderoso, segundo o parecer de Quizquiz, para que não acontecesse o que acontecera a seu irmão Atahualpa; que se devia presumir que os forasteiros teriam mais virtude por medo das armas do que por agradecimento pela moderação, porque os de Atahualpa mais haviam prejudicado que ajudado. Estando os do conselho para se decidir sobre esta questão, falou o Inca dizendo:

"Filhos e irmãos meus! Nós vamos pedir justiça aos que temos por filhos de nosso deus Viracocha, os quais entraram em nossa terra anunciando que a tarefa principal deles era administrá-la para todo o mundo. Creio que não hão de me negá-la em coisa tão justificada como nosso pedido, porque (conforme a doutrina que nossos ancestrais nos deram), convém a eles realizar as obras que prometeram por suas palavras, para provar que são verdadeiros filhos do sol. Pouco importará que os consideremos divinos se eles contradizem esse fato com a tirania e maldade.

Eu quero confiar mais em nossa razão e direito do que em nossas armas e potência. Como dizem que são mensageiros do deus Pachacámac, talvez o temam, pois sabem (como enviados por ele), que não há coisa que tanto aborreça como não haver justiça nos que estão colocados como superiores para administrar, e que, em vez de dar a cada um o que é seu, o tomam para si. Vamos lá armados do justo pedido; esperamos mais na retidão dos que temos por deuses do que em nossas diligências, que se são verdadeiros filhos do sol, como acreditamos, farão como Incas: devolverão nosso império, pois nossos pais, os reis passados, nunca usurparam os domínios que conquistaram, por mais rebeldes que fossem seus *curacas*. Nós não o temos sido, pelo contrário, todo o império se rendeu sinceramente.

Portanto, vamos em paz, porque se vamos armados, parecerá que vamos fazer-lhes guerra e não lhes pedir justiça, e daremos ocasião que no-la neguem; porque aos cobiçosos qualquer coisa basta para fazerem o que bem entendem e negar o que se lhes pede.

Em vez de armas, levemos-lhes dádivas que temos a fim de aplacar os homens irados e nossos deuses ofendidos. Juntai todo o ouro e prata e pedras preciosas que puderdes; que sejam caçadas as aves e animais que for possível; sejam colhidas as melhores e mais delicadas frutas que possuímos; vamos como melhor pudermos, pois, já que nos falta nossa antiga pujança de rei, não nos falta o ânimo de Inca.

E se tudo isso não bastar para que nos restituam nosso império entenderemos claramente que se cumpre a profecia de nosso pai Huayna Cápac que deixou dito: haveria de ser cedida nossa monarquia, perecer nossa república e ser destruída nossa idolatria. Vemos já cumprir-se parte disso. Se o Pachaca assim ordenou, que podemos fazer senão obedecer-lhe? Façamos nós o que julgamos reto e justo, façam eles o que quiserem."

Tudo isso disse o Inca com grande majestade; seus capitães e *curacas* se enterneceram ao ouvir seus últimos argumentos, e derramaram muitas lágrimas, considerando que acabavam seus Reis Incas[31].

5 Tragédia do fim de Atahualpa

Desta peça de teatro em língua quéchua, ainda hoje representada em diversos lugares da Serra, transcrevemos aqui os diálogos entre o Capitão Sairi Túpac, filho do futuro Inca Manco II, e Pizarro, que fala por intermédio do

---

31. INCA DE LA VEGA (1962, vol. I, p. 215-217).

intérprete Felipillo, e também as palavras do próprio Atahualpa ao cair prisioneiro dos conquistadores. Como já se disse na introdução, mais que um testemunho histórico da conquista, esta tragédia é memória e reflexo dos sentimentos daqueles que, descendentes dos vencidos, guardaram a lembrança da destruição do Estado Inca.

    SAIRI TÚPAC
    barbudo, adversário, homem vermelho,
    por que somente a meu senhor,
    a meu Inca andas buscando?
    Não sabes que Atahualpa
    é Inca e único senhor?
    Acaso ignoras
    quem é o dono desta clava de ouro,
    acaso ignoras que estas
    duas serpentes de ouro
    são de sua propriedade?
    Antes que levante
    esta sua clava de ouro, antes
    que te devorem
    estas serpentes de ouro,
    perde-te, volta à tua terra,
    barbudo inimigo, homem vermelho.

                      (PIZARRO *apenas move os lábios*)

    SAIRI TÚPAC
    Homem vermelho que ardes como o fogo
    e na queixada levas densa lã,
    me é impossível
    compreender tua estranha linguagem.
    Eu não sei o que me dizes, não posso
    saber de nenhum modo.
    Antes que meu único senhor, meu Inca
    se encolerize, vai-te, perde-te.

                      (PIZARRO *apenas move os lábios*)

FELIPILLO

sairi Túpac, Inca que manda,
este ruivo senhor te diz:
"Que disparates vens
dizer-me, pobre selvagem?
É-me impossível compreender
teu obscuro idioma.
Mas eu te pergunto
onde se encontra teu senhor Inca.
Eu venho em busca dele
e me proponho conduzi-lo:
senão, obterei pelo menos sua cabeça
ou então sua insígnia real,
para que veja o poderoso senhor,
rei da Espanha".
Isto te diz este guerreiro
Sairi Túpac, Inca que manda.

SAIRI TÚPAC

barbudo inimigo, homem vermelho,
tampouco eu consigo entender
este teu idioma. A morada
de meu senhor aproxima-te,
talvez ele possa compreender-te.
Encontra-te com ele e com ele fala
como com quem mais poder possui.

(FELIPILLO *fala com Pizarro*)

SAIRI TÚPAC (*a Atahualpa*)

Ai, ai, meu mui amado
Atahualpa, meu Inca:
É-me impossível decifrar
a linguagem do inimigo.
O deslumbramento de sua funda de ferro
me infunde medo.

Cabe a ti, único senhor, meu Inca,
como poderoso que és,
traduzir e falar de igual para igual com ele;
talvez tu possas destrinchar
esse ruidoso idioma.
Eu não posso compreendê-lo
de nenhuma maneira.
Eis aqui tua clava de ouro,
eis aqui também tuas duas serpentes,
eis aqui também teu feroz *anutara*,
eis aqui tua funda de ouro
de invencível poder.

ATAHUALPA

Nada há que fazer então.
Meus muito amados Incas,
combatei todos vós
seja com a funda seja com a clava;
fazei-os voltar à sua terra;
pelo lugar onde apareceram,
por aí mesmo que regressem.
Não vos deixeis derrotar
pelos inimigos de barba.

HUAYLLA HUISA

meus muito amados Incas,
acudi sem demora.
Vamos lutar todos unidos
com os barbudos inimigos.
Havemos de vencê-los e os expulsaremos
até seu povo, até sua pátria.

HUARMA
Único senhor que a todos medo infunde,
que vence a todos e governa,
Atahualpa, meu Inca,
homens barbudos e agressivos
manchando de vermelho o caminho
até aqui se dirigem.

ATAHUALPA (*a Pizarro*)
Barbudo inimigo, homem vermelho,
de onde chegas extraviado,
a que vieste,
que vento te trouxe,
o que é que queres
aqui em minha casa, aqui em minha terra?
No caminho que percorreste
não te queimou o fogo do sol,
e o frio não te atravessou,
e o monte, afastando-se de teu caminho,
não te esmagou sob suas pedras,
e, abrindo-se a teus pés, a terra
não pôde te sepultar,
e o oceano, te envolvendo,
não te fez desaparecer.
De que maneira vieste
e o que queres comigo?
Vai-te, regressa a teu país
antes que se levante esta minha clava
de ouro e termine contigo.
Inimigo barbudo, já te disse
que voltes a tua terra.
           (PIZARRO *vocifera com furiosos gestos*)

FELIPILLO

Senhor Inca Atahualpa,
te diz este senhor que manda:
"É inútil que digas qualquer coisa
e te desates em palavras
que não se pode compreender.
Eu sou um homem obstinado
e todos diante de mim se humilham.
Concedo-te um instante
a fim de que te prepares
e te despeças
destes teus próximos.
Prepara-te, porque partirás
junto comigo para a chamada
cidade de Barcelona.
Do mesmo modo que em tuas mãos
humilhaste teu irmão,
o Inca Huáscar, assim também
diante de mim te dobrarás".

SAIRI TÚPAC

barbudo inimigo, por que
tão rudemente atas as mãos
ao Inca, meu único senhor?
Ele nasceu livre e solto
igual à *taruca*,
ele é tão forte como o puma.
Outro homem tão notável
e generoso como ele, não existe.

(PIZARRO *somente move os lábios*)

FELIPILLO

Sairi Túpac, senhor que manda,
este ruivo senhor te diz:
"Já disse para que vim a esta terra:
tenho que conduzir
este senhor à presença
de meu senhor onipotente.
E não hei de dizê-lo outra vez".

ATAHUALPA

Ai de mim, meu senhor, muito amado
a Huiracucha parecido,
já me encontro em tuas mãos,
por que já te encolerizas?
Talvez te sintas fatigado,
descansa um pouco;
talvez venhas vencido pelo sol,
apanha um pouco de sombra
sob esta minha árvore de ouro.
Já me acho dobrado
a teus pés, sob teu domínio.

ÑUST'AGUNA (*as princesas*)

Único senhor, Atahualpa,
meu Inca,
o barbudo inimigo te aprisiona,
meu Inca,
para acabar com tua existência,
meu Inca,
para te usurpar teus domínios,
meu Inca.
O barbudo inimigo tem,
meu Inca,
o coração ansioso de ouro e prata,
meu Inca.
Se pedir ouro e prata,
meu Inca,
lhe entregaremos imediatamente,
meu Inca.

(PIZARRO *somente move os lábios*)

FELIPILLO

Único Inca Atahualpa,
este forte senhor te diz:
"Hoje mesmo partirás
para onde eu te disser".

ATAHUALPA

Ai, senhor Huiracucha,
não mostres esse continente.
Se ouro e prata desejas,
os darei a ti imediatamente
até cobrir toda a extensão
que o tiro de minha funda alcança.

(PIZARRO somente move os lábios)

FELIPILLO

Único senhor, Inca Atahualpa,
este forte senhor te diz:
"Desejo que cubram
esta planície de ouro e prata".

SAIRI TÚPAC

meu muito amado e único senhor.
Atahualpa meu Inca,
iremos correndo, voando,
tal como o *huaychu*
e para estes barbudos inimigos
traremos ouro e prata
até cobrir esta planície.

(PIZARRO move os lábios)

FELIPILLO

Único senhor, Inca Atahualpa,
este forte senhor te diz:
"Eu venho com o propósito irreversível
de levar tua cabeça
ou ao menos tua insígnia imperial
para que meu soberano a veja".

ATAHUALPA

Ai, barbudo inimigo, *huiracucha*,
em nossa entrevista de ontem
pudeste me ver em meio
de meus inúmeros vassalos,
honrado, conduzido no alto
de régia liteira de ouro.
E, agora, vendo-me a teus pés
humilhado,
me falas com arrogância.
Mas, acaso ignoras
que tudo depende de minha vontade,
que a prata e o ouro
estão subordinados a meu mando?
Pede-me aquilo
que desejas levar,
alcançarei para ti com minhas mãos.
Eis aqui meu *llaut'u* de ouro,
eis aqui também minha clava de ouro,
eis aqui também minha funda de ouro.
Dar-te-ei também tudo isso.
Não me tires, pois, a existência,
poderoso senhor[32]...

---

32. *Tragedia del fin de Atahualpa* (1957, p. 127-145).

6 Uma elegia quéchua sobre a morte de Atahualpa

Das várias elegias, ou cânticos, conhecidas em língua quéchua sobre a conquista, transcrevemos esta, que tem por título Apu Inca Atahualpaman. *De autor anônimo, não se estabeleceu até agora a data em que pode ter sido escrita. Segundo José Maria Arguedas, a quem se deve a presente tradução, "a palavra, o acento, a métrica e a rima foram empregados com sabedoria e fluidez, como instrumentos legítimos a serviço de um poeta que clama, contemplando a destruição de um mundo, a desolação de um povo naufragado no descaminho e na escravidão..."*

Que arco-íris é este negro arco-íris
que se levanta?
Para o inimigo de Cuzco horrível flecha
que amanhece.
Por toda parte granizada sinistra
golpeia.

Meu coração pressentia
a cada instante,
até em meus sonhos, assaltando-me,
em sono profundo,
a mosca azul anunciadora da morte;
dor interminável.

O sol torna-se amarelo, anoitece,
misteriosamente;
amortalha Atahualpa, seu cadáver
e seu nome;
a morte do Inca reduz
o tempo que dura uma piscada.

Sua amada cabeça já a envolve
o horrendo inimigo;
e um rio de sangue caminha, se estende,
em duas correntes.

Seus dentes rangedores já estão mordendo
a bárbara tristeza;
tornaram-se de chumbo seus olhos
que eram como o sol, olhos de Inca.

Já ficou gelado o grande coração
de Atahualpa.
O pranto dos homens das Quatro Regiões
afogando-o.

As nuvens do céu já estão
ficando negras;
a mãe lua, angustiada, com o rosto enfermo,
torna-se pequena.
E tudo e todos se escondem, desaparecem,
padecendo.

A terra se nega a sepultar
seu senhor,
como que envergonhada do cadáver
de quem a amou,
como se temesse devorar seu guia.

E os precipícios de rochas tremem por seu amo,
canções fúnebres entoando,
o rio brame com o poder de sua dor,
seu caudal levantando.

As lágrimas em torrentes, juntas,
se recolhem.
Que homem não cairá em pranto
por quem amou?
Que filho não há de existir
para seu pai?

Gemente, dolente, coração ferido
sem glórias.
Que pomba amante não dá seu ser
ao amado?
Que delirante e inquieto cervo selvagem
a seu instinto não obedece?

Lágrimas de sangue arrancadas, arrancadas
de sua alegria;
espelho vertente de suas lágrimas,
retratai seu cadáver!
Banhai todos, em sua grande ternura,
vosso regaço.

Com suas múltiplas, poderosas mãos,
os acariciados;
com as asas de seu coração,
os protegidos;
com a delicada tela de seu peito,
os abrigados;
clamam agora
com a dolente voz das viúvas tristes.

As nobres escolhidas se inclinaram, juntas,
todas de luto,
o Huillaj Umu se vestiu de seu manto
para o sacrifício.
Todos os homens desfilaram
para suas tumbas.

Mortalmente sofre sua tristeza delirante
a Mãe Rainha;
os rios de suas lágrimas saltam
sobre o amarelado cadáver.
Seu rosto está duro, imóvel,
e sua boca (diz:)
"Aonde foste, perdendo-te
de meus olhos,
abandonando este mundo

em minha aflição;
eternamente desgarrando-te
de meu coração?"

Enriquecido com o ouro do resgate
o espanhol.
Seu horrível coração pelo poder devorado;
empurrando-se uns aos outros,
com ânsias cada vez mais escuras,
fera enfurecida.
Deste-lhes o quanto pediram, os cumulaste;
não obstante, te assassinaram.
Seus desejos até onde clamaram os fartaste
tu somente;
e morrendo em Cajamarca
te extinguiste.

Acabou-se já em tuas veias
o sangue:
apagou-se em teus olhos
a luz;
no fundo da mais brilhante estrela caiu
teu olhar.

Geme, sofre, caminha, voa enlouquecida
tua alma, pomba amada;
delirante, delirante, chora, padece
teu coração amado.
Com o martírio da separação infinita
o coração se rompe.

O límpido e resplandecente trono de ouro,
e teu berço;
os vasos de ouro, tudo,
foi repartido.

Sob estranho império, acumulados os martírios,
e destruídos;
perplexos, extraviados, negada a memória,
sozinhos;

morta a sombra que protege,
choramos;
sem ter a quem ou aonde nos voltar,
estamos delirando.

Suportará teu coração,
Inca,
nossa errante vida
dispersada,
pelo perigo sem conta
cercada, em mãos alheias,
pisoteada?

Teus olhos, que como flechas de felicidade feriam,
abre-os;
tuas magnânimas mãos
estende-as;
e com essa visão fortalecidos,
despede-nos[33].

---

33. *Apu Inca Atawallpaman* (s.d.).

Referências

Como o objetivo deste livro é apresentar a história da conquista a partir do ponto de vista indígena, são incluídas aqui apenas as referências bibliográficas das principais fontes escritas por autores do mundo asteca (ou *náhuatl*), maia e quéchua. Quanto aos cronistas espanhóis da conquista, são mencionadas somente algumas obras fundamentais, nas quais são encontrados estudos historiográficos a seu respeito.

I – Conquista do México

Obras de autores indígenas

Cantares mexicanos. Manuscrito da Biblioteca Nacional. Cópia fotográfica por Antonio Peñafiel. México, 1904.

CHIMALPAIN CUAUHTLEHUANITZIN, D. *Sixième et Septième Relations* (1358-1612). Traduzidos e publicados por Rami Simeón. Paris, 1889.

Códice florentino (ilustrações). Edição fac-símile de Paso y Troncoso. Vol. V. Madri, 1905.

Códice florentino (textos *nahuas* de Sahagún). Livro XII sobre a conquista, publicado por Dibble e Anderson: *Florentine codex*. Santa Fé, Novo México, 1959.

Códice Ramírez. "Relación del origen de los indios que habitan esta Nueva España", segundo suas histórias. Cidade do México: Leyenda, 1944.

IXTLILXÓCHITL, F.A. *Obras completas.* 2 vols. México, 1891-1892.

LEÓN-PORTILLA, M.; GARIBAY K., A.M. (ed.). *Visión de los vencidos: relatos indígenas da conquista.* 2. ed. Cidade do México: Biblioteca del Estudiante Universitario, 1961.

"Relación Anónima de Tlatelolco" (1528). In: *Unos anales históricos de la Nación Mexicana.* Edição fac-símile de Ernst Mengin publicada no tomo II do *Corpus Codicum Americanorum Medii Aevi.* Copenhague, 1945.

TEZOZÓMOC, F.A. *Crónica mexicana.* Edição de Vigil. Cidade do México: Leyenda, 1944.

Algumas obras principais a respeito da historiografia da conquista

AGUILAR, F. *Historia de la Nueva España.* 2. ed. transcrita e revista por Alfonso Teja Zabre. México: Ediciones Botas, 1938.

Conquistador anônimo. *Relación de algunas cosas de la Nueva España y de la gran ciudad de Temestitan México, escrita por un compañero de Hernán Cortés.* Cidade do México: Alcancía, 1938.

CORTÉS, H. *Cartas de relación de la conquista de México*: cartas e relatos ao Imperador Carlos V. Paris: Ed. de Gayangos, 1866. Existem várias outras edições mais recentes: *Cartas y relaciones de la conquista de América.* Cidade do México: Nueva España, s.d.

Há uma edição: *Cartas de relación de la conquista de México.* 3. ed. Buenos Aires/Cidade do México: Espasa Calpe Argentina, 1957.

DÍAZ DEL CASTILLO, B. *Historia verdadera de la conquista de la Nueva España.* 3 vols. Cidade do México: Robredo, 1939. Cf. ainda a edição preparada por: CABAÑAS, J.R. 2 vols. México: Porrúa, 1955.

DURÁN, D. *Historia de las Indias de Nueva España e Islas de Tierra Firme.* 2 vols. e atlas. Publicado por José F. Ramírez. México, 1867-1880.

GARIBAY K., Á.M. *Historia de la literatura* náhuatl. 2 vols. México: Porrúa, 1953-1954.

OROZCO Y BERRA, M. *Historia antigua y de la conquista de México.* 4 vols. e atlas. México, 1880.

PRESCOTT, W. *History of the conquest of Mexico.* Londres: Ed. John Foster Kirk, Ruskin House, Museum St., 1949.

SAHAGÚN, B. *Historia general de las cosas de Nueva España.* 3 vols. Cidade do México: Bustamante, 1829; 5 vols. Cidade do México: Robredo, 1938; 3 vols. Acosta Saignes, 1946; 4 vols. Preparada pelo Dr. Garibay. Ed. Porrúa, 1956.

TAPIA, A. "Relación de la conquista de México". In: *Colección de documentos para la Historia de México.* Tomo II. Publicada por J.G. Icazbalceta. México,1866.

VÁSQUEZ DE TAPIA, B. *Relación del conquistador...* Publicada por Manuel Romero de Terreros. Cidade do México: Polis, 1939.

YÁÑEZ, A. *Crónicas de la conquista.* 2. ed. México: Biblioteca del Estudiante Universitario, Unam, 1950.

II – Conquista de Yucatán e Guatemala

Obras de autores indígenas

Códice Pérez. Tradução livre do maia para o castelhano por Emílio Solís Alcalá. Mérida: Ediciones de la Liga de Acción Social, 1949.

Crónica de Chac-Xulub-Chen. Versão de Héctor Pérez Martínez. In: *Crónicas de la conquista*. Cidade do México: Biblioteca del Estudiante Universitario, UNAM, 1950.

MAKENSON, M.W. *The book of the Jaguar Priest: a translation of the book of Chilam Balam of Tizimin*. Nova York: H. Schuman, 1951.

MEDIZ BOLIO, A. *El Libro de Chilam Balam de Chumayel*. São José, Costa Rica, 1930.

RECINOS. A. (ed.). *Memorial de Sololá (Anales de los Cakchiqueles) y Titulo de los Señores de Totonicapán*. Cidade do México: Fondo de Cultura Económica, 1950.

RECINOS, A. (ed.). *Crónicas indígenas de Guatemala*. Guatemala: Universitaria, 1957.

SCHOLES, F.V.; ROYS, R.L. *The Maya Chontal Indians of Acalan-Tixchel*. Washington: Carnegie Institution of Washington (publication 560), 1948.

VÁSQUEZ, A.B.; MORLEY, S.G. (org.). *The Mayan chronicles*. Washington: Carnegie Institution of Washington (publication 585), p. 1-86, 1949.

VÁSQUEZ, A.F. (ed.). *El Libro de los Libros de Chilam Balam*. Cidade do México: Fondo de Cultura Económica, 1948 (2. ed., 1963).

VILLACORTA, J.A. (ed.). *Memorial de Tecpan-Atitlán (Anales de los Cakchiqueles)*. Guatemala, 1936.

Algumas obras principais a respeito da historiografia da conquista

ALVARADO, P. "Otra relación hecha a Hernando de Cortés en que se refiere la conquista de muchas ciudades, las guerras, batallas, traiciones y rebeliones que sucedieron, y la población que hizo de una ciudad; de dos volcanes, uno que exhalaba fuego, y otro humo; de un río hirviendo y otro frío; y como quedó Alvarado herido de un flechazo". In: *Biblioteca de Autores Españoles*. Tomo I, p. 460-463. Madri: Imprenta y Estereotipia de Rivadeneyra, 1852.

ALVARADO, P. "Relación hecha a Hernando Cortés en que se refieren las guerras y batallas para pacificar las provincias de Chapolutan, Checialtenengo y Utatlán, la quema de su cacique y nombramiento de sus hijos para sucederle, y de tres sierras de acije, azufre y alumbre". In: *Biblioteca de Autores Españoles*. Tomo I, p. 457-459. Madri: Imprenta y Estereotipia de Rivadeneyra, 1852.

CHAMBERLAIN, R.S. *The conquest and colonization of Yucatan, 1517-1550*. Washington: Carnegie Institution of Washington (publication 582), 1948.

COGOLLUDO, D.L. *Historia de Yucatán*. 3. ed. 2 vols. Mérida, 1867-1868.

DÍAZ VASCONCELOS, L.A. *Apuntes para la historia de la literatura guatemalteca: períodos indígena e colonial*. 2. ed. Guatemala, C.A., 1950.

LANDA, D. *Relación de las cosas de Yucatán*. Cidade do México, 1938.

MORLEY, S.G. *La Civilización Maya*. Cidade do México: Fondo de Cultura Económica, 1947.

RUBIO MAÑÉ, J.I. *Monografía de los Montejos*. Mérida, 1930.

THOMPSON, J.E.S. *Grandeza y decadencia de los Mayas*. Trad. de Lauro José Zavala. Cidade do México: Fondo de Cultura Económica, 1959.

TOZZER, A.M. "The Chilam Balam books and the possibility of their translation". In: *Proc. 19th Int. Cong. Americanists*, p. 178-186. Washington, 1915.

TOZZER, A.M. "Landa's relación de las cosas de Yucatán. The translation edited with notes". Cambridge: Papers of the Peabody Museum, Harvard University, vol. 18, 1949.

III – Conquista do Peru

Obras de autores indígenas

Apu Inca Atawallpaman. Elegia quéchua anônima. Tradução de José Maria Arguedas. Lima: Juan Mejía Baca, s.d.

POMA DE AYALA, G. Nueva corónica y buen gobierno (Codex péruvien illustré). Edição fac-símile de Paul Rivet. In: *Travaux et Mémoires de L'Institut d'Ethnographie*, XXIII. Paris, 1936.
Há uma versão paleográfica com os desenhos originais, preparada por Arturo Posnansky, La Paz, Bolívia, 1944.

PACHACUTI YAMQUI SALCAMAYGUA, J.S.C. Relación de Antigüedades deste Reyno del Pirú. In: *Tres Relaciones Peruanas*. Edição de Marcos Jiménez de la Espada. Madri, 1879 (Publicado também em: Assunção do Paraguai: Guaranía, 1950).

Tragedia del fin de Atahualpa. Monografia e tradução de Jesús Lara. Cochabamba: Imprenta Universitaria, 1957.

YUPANQUI, T.C. (D. Diego de Castro). *Relación de la conquista del Perú y hechos del Inca Manco II*. Edição de Horacio H. Urteaga e Carlos A. Romero. Colección de Libros y Documentos Referentes a la Historia del Perú, 1. série, tomo II. Lima, 1916.

Algumas obras principais a respeito da historiografia da conquista

BASADRE, J. *Selección de literatura inca*. Paris: Biblioteca de Cultura Peruana, 1. série, n. 1, 1938.
Com uma extensa "Bibliografía de la literatura Quechua".

CANILLEROS. C. (ed.). *Tres testigos de la conquista del Perú: Hernando Pizarro, Juan Ruiz de Arce e Diego de Trujillo*. Buenos Aires: Espasa Calpe Argentina, 1953.

INCA DE LA VEGA, G. *Historia general del Perú: segunda parte dos comentarios reales*. 4 vols. Lima: Universidad Mayor de San Marcos, 1962.

JEREZ, F.; LEÓN, P.C.; ZÁRATE, A. *Crónicas de la conquista del Perú*. Textos revistos e comentados por Julio Le Riverend. Cidade do México: Nueva España, s.d.

LARA, J. *Literatura de los Quechuas*. Cochabamba: Canelas, 1960.

LAS CASAS, B. *De las antiguas gentes del Perú*. Edição de Marcos Jiménez de la Espada. Madri, 1892.

MASON ALDEN. *Las antiguas culturas del Perú*. Cidade do México: Fondo de Cultura Económica, 1962.

MEANS, P.A. "Biblioteca Andina: part one, the chroniclers, or the writers of the Sixteenth and Seventeenth Centuries who treated of the Pre-Hispanic History and Culture of the Andean Countries". New Haven: Connecticut Academy of Arts and Sciences, Transactions, vol. XXIX, p. 271-525, 1928.

MEANS, P.A. *Fall of the Inca Empire and the Spanish Rule in Peru, 1530-1780*. Nova York, 1932.

PORRAS BARRENECHEA, R. *Cronistas del Perú*. Lima: Sanmartí y Cia. Impressores, 1962.

PRESCOTT, W.H. *History of the conquest of Peru, with a preliminary view of the civilizations of the Incas.* 2 vols. Londres, 1847. Existem várias edições em castelhano.

Relaciones geográficas de Indias, Perú. 4 vols. Madri, 1881-1897.

VALCÁRCEL, L.E. *Historia de la cultura antigua del Perú.* 2 vols. Lima: Imprenta del Ministerio de Educación Pública, 1943/1949.

VARGAS UGARTE, R. *Manual de estudios peruanistas.* Lima: Librería Studium, 1952.

Conecte-se conosco:

 facebook.com/editoravozes

 @editoravozes

 @editora_vozes

 youtube.com/editoravozes

 +55 24 2233-9033

www.vozes.com.br

Conheça nossas lojas:

www.livrariavozes.com.br

Belo Horizonte – Brasília – Campinas – Cuiabá – Curitiba
Fortaleza – Juiz de Fora – Petrópolis – Recife – São Paulo

EDITORA VOZES LTDA.
Rua Frei Luís, 100 – Centro – Cep 25689-900 – Petrópolis, RJ
Tel.: (24) 2233-9000 – E-mail: vendas@vozes.com.br